Belastungsfaktoren in Familien mit hochbegabten Kindern
Kindern
Christian Ambach

IfBeP — Institut für Begabungsforschung und evidenzbasierte Psychologie

2. Auflage

AF205913

Belastungsfaktoren in Familien mit hochbegabten Kindern

Christian Ambach & IfBeP (Hrsg.)

Bibliografische Information der Deutschen Nationalbibliothek:
Die Deutsche Nationalbibliothek verzeichnet diese Publikation in der
Deutschen Nationalbibliografie; detaillierte bibliografische Daten sind
im Internet über http://dnb.dnb.de abrufbar.
© 2019 / 2020 Christian Ambach & IfBeP (Hrsg.), 2. Auflage
Herstellung und Verlag: BoD- Books on Demand, Norderstedt

ISBN: 9783750471856

Für meine Kinder

Moritz, Marlene, Ronja und Leo.

INHALT

9

TABELLENVERZEICHNIS

ABBILDUNGSVERZEICHNIS

15

VORWORT

Die realen Lebensumwelten von Hochbegabten sind – trotz einer Unmenge von Ratgeberliteratur und vielen Studien – in weiten Teilen immer noch nicht ausreichend erforscht. Gerade bei komplexeren Fragestellungen und in komplizierteren familiären oder schulischen Kontexten, lassen sich die vorhanden Studienergebnisse nicht wirklich extrapolieren.

Was hilft Hochbegabten tatsächlich? Wie unterscheiden sich Hochbegabte von anderen? Gibt es den typischen Hochbegabten überhaupt? Nur wenige Studien in den letzten Dekaden hatten wirklich das Potential, zumindest einige dieser Fragen zu beantworten. Häufig fallen die Antworten ganz anders aus, als es die populäre Literatur zum Thema Hochbegabung und die ständig wachsende Coaching- und Beratungsindustrie den Betroffenen glauben machen will.

Die vorliegende Studie – als erste Veröffentlichung einer Forschungsreihe – fokussiert dabei auf der Frage „Was belastet Familien mit hochbegabten Kindern?". Welche Faktoren sind tatsächlich einer Hochbegabung geschuldet? Erst das Identifizieren der tatsächlichen, direkt oder indirekt auf Hochbegabung zurückgehenden Faktoren, ermöglicht es, sinnvolle Hilfeprogramme für diese Familien zu entwerfen. Mit der ersten Pilotstudie des IfBeP (Institut für Begabungsforschung und evidenzbasierte Psychologie) kann die Frage leider noch nicht umfassend beantwortet werden.

Trotzdem liefert die Studie bereits wichtige Hinweise und Fragestellungen für weitere Arbeiten.

Eingebettet sind die Ergebnisse in einer detaillierten und umfangreichen Zusammenfassung – gleichsam als Metaanalyse zur ersten Näherung an das Thema – des bisherigen Forschungsstandes.

Vor dem Fördern kommt das Erkennen. Erst wenn wir die wirklichen Charakteristika von Hochbegabten verstehen, können wir auch fördern und unterstützen – sei es den Hochbegabten selbst oder sein familiäres Umfeld. Die Ergebnisse der großen Studien – z.B. das Marburger Hochbegabten Projekt – zeigen, dass vieles vom dem, was Ratgeber typische Eigenschaften von Hochbegabten nennen, keineswegs typisch sind.

Genau hier kann die empirische Forschung helfen. Diese Veröffentlichung stellt die erste einer Reihe dar, die sich mit den realen Lebenswelten Hochbegabter beschäftigen wird. In den nächsten Jahren werden sicher noch viele folgen. Wir sind gespannt!

Michelle Jablonski
Geschäftsführung IfBeP

Dezember 2019

AUF EINEN BLICK

Bei der vorliegenden Studie handelt es sich um eine querschnittliche Untersuchung von Belastungen in Familien mit hochbegabten Kindern in Bezug auf verschiedene Einflussfaktoren. Zur Erhebung der Daten wurde das EBI-Eltern-Belastungs-Inventar (2011) sowie ein eigener Fragebogen verwendet.

Es fanden sich, zum Teil überraschende, Einflussfaktoren mit signifikanten Auswirkungen auf die Familienbelastung. Andere, (erwartete) Einflussfaktoren konnten nicht bestätigt werden. Positiv auf die Familienbelastung wirkten sich z.B. eine abgeschlossene Berufsausbildung der Mutter oder einen Vereinsmitgliedschaft bzw. das Erlernen eines Instruments des Kindes aus. Der Einfluss von sozioökonomischen Faktoren konnte nicht nachgewiesen werden, was aber wahrscheinlich an der vorselektierten Stichprobe (MENSA-Mitglieder) lag.

Ein wesentlicher Aspekt der Studie ist die Frage, ob die Belastungsfaktoren primär durch die Hochbegabung selbst getrieben sind, oder ob es häufig der Umgang der Eltern mit dem Thema ist, das Belastungsfaktoren erzeugt – wofür einiges spricht.

EINLEITUNG

Das Thema Hochbegabung ist sowohl von psychologischer als auch von gesellschaftlicher Relevanz. Die Forschung in diesem Bereich ist gleichermaßen Grundlagen- wie angewandte Wissenschaft (Ziegler 2017). Allein in Deutschland leben nach Schätzung von Scheidt (2005) ca. 2,4 Millionen Hochbegabte. Geht man nach Hüther u. Hauser (2012), ist sogar jedes Kind – von Natur aus – hochbegabt.

So ist es kein Wunder, dass in vielen Romanen oder Filmen, das Thema Intelligenz Verwendung findet. Interessanterweise zeigen diese Werke fast ausschließlich ein bestimmtes Stereotyp von Verhaltensweisen und Charaktereigenschaften. So zeigt der vielfach international ausgezeichnete Film „Good Will Hunting" einen genialen jungen Mann, der jedoch im sozialen Kontext völlig versagt, durch hohe Delinquenz auffällt und erst durch die Behandlung eines Psychologen in bessere Bahnen gelenkt werden kann. Auch im europäischen Film „Vitus" findet sich ein sozial schwieriges, meistens schon schrulliges Kind, mit überragenden intellektuellen und musikalischen Fähigkeiten. Meistens zurückgezogen und unglücklich, findet er nur Freude bei Aufenthalten bei seinem Großvater, der ihn einfach Kind sein lässt. Oft findet sich auch die Nähe zu schweren psychischen Erkrankungen, z.B. in „A Beautyful Mind", den Film über den an Schizophrenie erkrankten, genialen Mathematiker John F. Nash. Für Asperger (1982) war „eine hohe Intelligenz ..... ursächlich verbunden mit gefährlichen charakterlichen Anomalien" (Asperger 1982, S. 243). Freeman (1982) sieht Trotzreaktionen,

Aggressionen, Zurückziehen in Angst und Hemmung, überlegte Bosheitsakte als „Potenz zum Unglücklich sein" bei Hochbegabten.

Es dominiert das Bild vom gelangweilten Kind, das den ganzen Tag vor Büchern sitzt, schrullige Hobbies hat, Eltern mit Fragen löchert und durch Egozentrik und emotionale Unreife bei gleichzeitig überlegenen kognitiven Fähigkeiten Familie und soziale Umwelt belastet. Nicht selten finden sich auch Vergleiche zu behinderten Kindern (Tettenborn 1996, S.58). Selbst die offizielle Broschüre des BMBW „Begabte Kinder finden und fördern" (1991) macht den Hochbegabten zum Problemkind.

Leider tragen diese Stimmungsbilder erheblich zur Beurteilung von Hochbegabten bei. Baudson & Preckel (2012) lieferten mit einer Vignettenstudie (8 mögliche Vignetten: Hochbegabt/ Durchschnittliche, Junge/Mädchen, 8/15 Jahre) das Ergebnis, dass z.B. Lehrer bei Hochbegabten eine geringere emotionale Stabilität, höhere Introversion und geringere soziale Verträglichkeit erwarteten. Geschlecht und Alter waren dabei unerheblich.

Kein Wunder, dass sich in diesem Kontext eine umfangreiche Ratgeberliteratur etabliert hat. Wer auf der Plattform AMAZON.de nach deutschsprachigen Büchern zum Thema Hochbegabung sucht, findet mehr als 750 Titel (Stand: 10.06.2018). In der Regel als Ratgeber oder populärwissenschaftlich konzipiert, liefern sie Erklärungen und

Handlungsanweisungen für den Umgang mit Hochbegabten. Darunter finden sich u.a. auch prominente Forscher, wie James T. Webb, der nicht nur zahlreiche Forschungsarbeiten zum Thema Hochbegabung durchgeführt hat, sondern mit seinem Buch „Hochbegabte Kinder – das große Handbuch für Eltern" Webb (2017) (Originaltitel A Parent's Guide to Gifted Children), eines der meistgelesenen Bücher zum Thema verfasst hat. Hier finden sich zahlreiche Beschreibungen wie „der Hochbegabte" sich verhält, und wie mit ihm umzugehen ist.

Scheinbar ist es auch für die Eltern von hochbegabten Kindern nicht leicht. Aus diesem Grund hat z.B. die psychologische Beratungsstelle der LMU München das KLIKK-Training (Kommunikations – und Lösungsstrategien für die Interaktion mit klugen Kindern) und Manual (Arnold 2011) entwickelt. Offenbar birgt die Hochbegabung – nach diesem Training zu urteilen – ein enormes Belastungspotential. Dabei ist die Rolle der Eltern keineswegs nur passiv, wenn es um die Eigenheiten von hochbegabten Kindern geht. So sieht Alice Miller (1979) in ihrem Buch „Das Drama des begabten Kindes" narzisstische Bedürfnisse der Eltern als Ursache von Problemen. Hochbegabte Kinder sind nach Miller im besonderen Maße dazu geeignet, die entsprechenden Bedürfnisse der Eltern (häufig der Mutter) zu erkennen und an deren Stelle zu erfüllen. Nach außen hin häufig eine harmonische Eltern-Kind-Beziehung, erschwert sie jedoch die Ausbildung einer eigenständigen Person mit eigener Bedürfnisstruktur. Auch Sebring (1983) und Cox (1981) sehen hochbegabte Kinder häufig als Statussymbole missbraucht (Sebring 1983, S. 109).

Zusätzlich zeichnet sich der sozioökonomische Status des Hochbegabten bzw. der Familie als erschwerender Faktor für Untersuchungen ab. Rost u. Albrecht (1985) zeigten, dass hochbegabte Kinder mit deutlich höherer Wahrscheinlichkeit in Familien mit höherem Bildungsstatus erkannt werden. Dazu kommen eine große Anzahl von Studien, die ergaben, dass (erkannte) Hochbegabte überdurchschnittlich häufig aus Familien mit hohem Bildungs- u. Sozialstatus kommen (Hollingworth 1926; Barbe 1956; Terman & Oden 1959; Benbow & Stanley 1980; Albert 1980; Rost & Albrecht 1985).

Der IQ eines Menschen, insbesondere der von Kindern, eignet sich jedoch scheinbar gut als Prognoseinstrument. So zeigen Preckel und Baudson (2013, S.22), dass IQ-Testergebnisse zwischen 25 – 50% der Unterschiede in Schul- oder Berufsleistungen erklären können. Kaum ein anderes psychologisches Merkmal erreicht diese Vorhersagekraft. Auch gilt der IQ im Grundschulalter als das stabilste psychologische Merkmal überhaupt (Rost 2009, S. 271). Die Befunde von Bjorklund u. Schneider (2006) zeigten, dass bereits das Neugierverhalten und Aktivitätsniveau von Säuglingen Prognosen auf deren spätere intellektuelle Entwicklung im Vorschulalter zulässt. Ergänzt wird dies von Studien von Sauer u. Gamsjäger (1996) zur Prognose des Schulerfolgs auf der Basis des IQ.

Auch gesellschaftlich wird das Thema Hochbegabung kontrovers diskutiert. Behandelt man Hochbegabte wie jede andere „Minderheit", z.B. Kinder mit Lernschwierigkeiten, und sorgt für entsprechende Förderprogramme (und wie würden diese aussehen?) oder geht man davon aus, dass „schlaue" Kinder auch so durchkommen und keine besondere Förderung benötigen. Fördert man Kinder aller Intelligenzstufen, im Sinne einer Chancengleichheit, gleichermaßen oder versucht man die intelligentesten zu einer Elite auszubilden? Unglücklicherweise findet diese Diskussion auf der Basis von relativ wenig verfügbaren großen empirischen Studien statt. So gab es z.B. wie von Elbing (2000) und Wittmann (2003) aufgeführt, nur wenig Studien zum Thema Elternunterstützung in Familien mit hochbegabten Kindern.

Diese Studie soll einen Beitrag dazu liefern, die tatsächlichen – hochbegabungsspezifischen - Belastungsfaktoren in Familien zu identifizieren und damit eine Grundlage für die Erarbeitung von entsprechenden Unterstützungskonzepten liefern.

THEORETISCHER HINTERGRUND

Definitionen

IQ-Messungen

„Intelligenz ist das, was man mit IQ-Tests misst" – schreibt DIE WELT (2002)[1]. Diese Redensart deutet schon an, dass es verschiedene Auffassungen dessen, was ein gemessener IQ-Wert wirklich aussagt, gibt. Es hat sich jedoch etabliert, die Hochbegabung eines Menschen über einen standardisierten IQ-Test zu messen. IQ-Tests vergleichen kognitive Leistungen einer Person mit einer Gruppe gleichen Alters. Seit dem ersten IQ-Test von Binet 1905 (Funke 2006) und der Weiterentwicklung von Terman (1925) und anderen, wurden eine große Anzahl von verschiedenen Tests entwickelt. Von Hochbegabung wird immer dann gesprochen, wenn sich der Testteilnehmer deutlich, z.B. 2 Standartabweichungen höher (Abbildung 1), von der übrigen Population unterscheidet.

So ist z.B. das Aufnahmekriterium von MENSA – einer internationalen Vereinigung von Hochbegabten – das Ablegen eines zugelassenen IQ-Tests mit einem Ergebnis von

---

[1] https://www.welt.de/print-welt/article402368/Intelligenz-ist-das-was-man-mit-IQ-Tests-misst.html, abgerufen am 12.06.2018

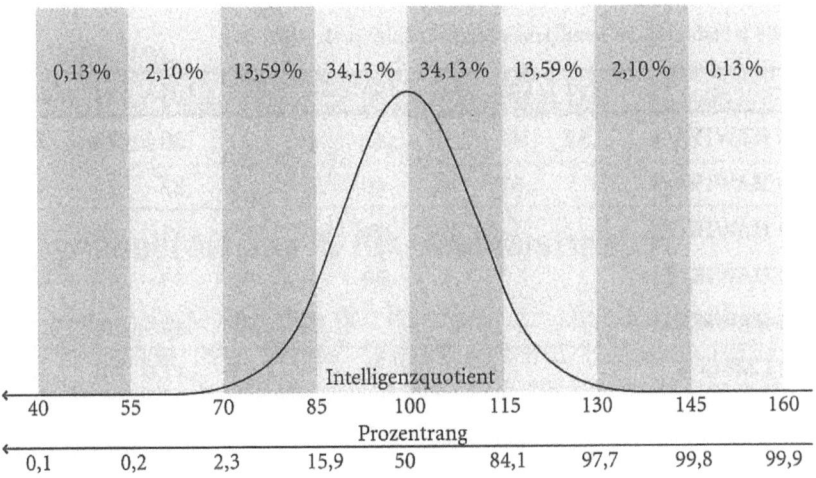

Abbildung 1 - Quelle: Ziegler (2017, S. 25) / IQ-Kurve mit Mittelwert 100 und einer SD von 15

mindestens 130. In Deutschland wird bei MENSA hierzu der IS-T 200R (Intelligenz Struktur Test, Hogrefe Verlag) verwendet. Es sind jedoch auch andere Tests zugelassen.

Insbesondere Menschen mit vergleichbar geringer Schulbildung oder aus anderen Kulturkreisen sind auf besondere Adaptionen von IQ-Tests angewiesen. Deswegen gibt es zum Beispiel auch matrix-orientierte Verfahren (Abbildung 2).

Die ersten Studien mit IQ-Test von Terman (1925) sollten das Verhältnis zwischen Genie und Wahnsinn näher zu betrachten. In einer Längsschnittstudie in Kalifornien (Genetic Studies of Genius (1921)), USA wurden 1528 Teilnehmer eingeschlossen.

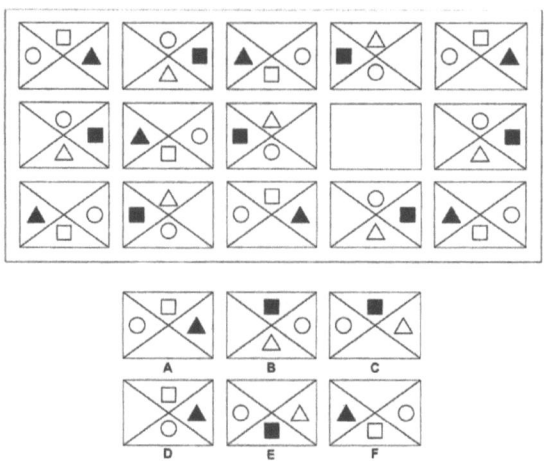

Abbildung 2 - Beispielaufgabe aus einem Matrixentest (BOMAT-advanced Test, Hossiep et al. 1999)

Das Hauptauswahlkriterium war ein IQ-Mindestergebnis. Die meisten der männlichen Teilnehmer waren dann später in Schule und Berufsleben überdurchschnittlich erfolgreich, jedoch ca. 80% der weiblichen Teilnehmer arbeiteten später als Hausfrau oder Sekretärin (Preckel u. Baudson 2013, S 103.). Dies zeigte schon deutlich die soziale Umwelt als begrenzenden Faktor bei der Umsetzung der angelegten Intelligenz.

Die Studie ist nicht unumstritten, u.a. deshalb, weil Terman mehrfach in die Entwicklung der Kinder durch Empfehlungsschreiben eingriff (Shurkin 1992). Inter-essanterweise fielen zwei spätere Nobelpreisträger (Wiliam Shockley und Luis Alvarez) bei Terman durch das IQ

28

Auswahlkriterium und wurden nicht berücksichtigt. Von den anderen Teilnehmern erreichte keiner vergleichbaren Erfolge (Preckel und Baudson 2013), was bereits auf einen großen Unterschied zwischen hohem IQ und Leistung bzw. Erfolg im Berufsleben hindeutet.

Holingsworth setzte 1942 einen IQ-Bereich von 130-150 als typische Hochbegabung (jedoch noch nicht Behinderung durch Höchstbegabung) fest. Nach Preckel und Baudson (2013, S 23) eignet sich die Einteilung in Gruppen von IQ >< 130 für den Forschungskontext, in der pädagogischen Praxis jedoch nur bedingt. Bei Annahme eines Schwellwerts von IQ=130 entspricht das ca. 2 % einer Population. Um eine ausreichend große Teilnehmergruppe zu erreichen, muss deshalb mit sehr großen nicht selegierten oder bereits vorselektierten Stichproben gearbeitet werden.

Für diese Studie wurde das MENSA Kriterium (zugelassener, formeller IQ-Test mit einem Ergebnis von mindestens 130) angenommen. Um eine ausreichend große Stichprobe zu erreichen wurde nur innerhalb der MENSA Mitgliedschaft rekrutiert.

Versionen und Skalen

Zur Messung von IQ-Werten haben sich 3 verschiedene Skalen etabliert. Leider lassen sich die Werte der verschiedenen Skalen nicht direkt vergleichen, da die Skalen unterschiedliche Standardabweichungen haben (Wechsler-Skala SD=15, Stanford-Binet-Skala SD = 16, Cattell-Skala SD=24) - Abbildung 3.

Abweichung vom Mittelwert in Standardabweichungen	-3	-2	-1	0	1	2	2.05	3	4	5
T-Wert	20	30	40	50	60	70	70.5	80	90	100
IQ nach Wechsler-Skala	55	70	85	100	115	130	130.8	145	160	175
IQ nach Stanford-Binet-Skala	52	68	84	100	116	132	132.9	148	164	180
IQ nach Cattell-Skala ("English Norm")	28	52	76	100	124	148	149.3	172	196	220
Prozentrang in der Bevölkerung (Perzentil)	0.13	2.3	15.9	50	84.1	97.7	98.0	99.87	99.997	99.99997

Abbildung 3 - IQ-Skalen aus https://www.mensa.ch/de/content/iq-skalen
(Abgerufen 11.06.2018)

So ist ein Ergebnis von z.B. 148 nach der Cattell-Skala nicht direkt mit 148 nach der Wechsler-Skala vergleichbar. Deshalb ist es teilweise nötig Umrechnungen vorzunehmen, um Ergebnisse unterschiedlicher Tests miteinander zu vergleichen.

Eine Umrechnung kann z.B. mit folgender Formel vorgenommen werden:

*Cattell-IQ = (Wechsler-IQ - 100) * 24/15 + 100*

In dieser Studie wird immer von einem IQ-Wert nach der Wechsler-Skala ausgegangen, sofern nicht anders angegeben.

Probleme bei den IQ Messungen

Die Definition von Hochbegabung auf der Basis des Ergebnisses eines IQ-Tests ist jedoch nicht unumstritten. Wie jedes Testverfahren, hat auch ein IQ-Test prinzipielle Schwächen. So misst der von MENSA verwendete IS-T 200R Test nur bis 145 und führt bereits dort schon zu Deckeneffekten. Weiterhin erfordert ein Test auch die Normung mit einer entsprechenden Population. IQ-Werte von > 145 treffen aber nach den üblichen Definitionen nur noch für ca. 0,13% einer Population zu. Eine ausreichend große Normgruppe zu finden, dürfte sich als sehr schwierig erweisen.

Weiterhin gibt es auch Zweifel an der Normalverteilung des IQs innerhalb einer zufälligen Population. Bereits Wechsler (1935), selbst Erfinder einiger IQ-Tests, als auch Cronbach (1970) und Dodrill (1997) äußerten diesen Verdacht. Webb (Webb und Kleine 1993) vermutet ab IQ=160 einen Höcker auf der Verteilungskurve und deswegen deutlich mehr extrem Höchstbegabte als normalerweise angenommen.

Trotzdem wird in dieser Studie von einer Normalverteilung des IQ innerhalb einer Population ausgegangen. Gründe dafür sind einerseits die Vergleichbarkeit mit anderen Forschungs-ergebnissen sowie die Tatsache, dass Teilnehmer mit einem IQ > 145 statistisch eher unwahrscheinlich sind.

Hochbegabung

Ähnlich wie auch beim IQ, gibt es unterschiedliche Definitionsansätze für den Begriff „Hochbegabung". Webb (2015, S. 44) führt z.B. aus, dass die meisten der US-Bundesstaaten jeweils die Intelligentesten 3-5% als hochbegabt ansehen. Diese Definition wird auch von Karnes und Johnson 1986) vertreten. Andere machen Hochbegabung eher an einem Leistungsvorsprung fest. Brink (1992) sieht hochbegabte Vorschulkinder ihren Alterskammeraden ca. 30% voraus.

Die NAGC (National Association for the Gifted Children) legt folgende Kriterien fest:

- Allgemeine intellektuelle Begabung
- Spezifische akademische Begabung
- Kreatives Denken
- Führungsqualitäten
- Talent für Bildende oder darstellende Künste

Alternativ schlägt Sternberg (1995) folgende Kriterien für das Identifizieren von Hochbegabten vor:

- Exzellenzkriterium
  Leistungsvorsprung gegenüber anderen auf mindestens einem Gebiet

- Seltenheitskriterium
  hohe Ausprägung einer Eigenschaft die selten so
  ausgeprägt ist

- Produktivitätskriterium
  befähigt Person zur Erstellung besonderer
  Produkte oder Handlungen

- Beweisbarkeitskriterium
  Fähigkeit kann von Person willentlich unter Beweis
  gestellt und in Tests gemessen werden.

- Wertkriterium
  Hochbegabung zeigt sich in Bereichen, die von der
  Gesellschaft als wichtig erachtet werden.

Auch Feldhusen und Jarwans (1993) wollten sich nicht rein auf
die Ergebnisse von IQ-Tests verlassen und schlugen folgende
Sichtweisen vor:

- Psychometrische Definition (z.B. durch IQ Test)
- Performancedefinition (tatsächlich erbrachte
  Leistungen)
- Etikettierungsdefinition (HB = soziale Zuschreibung)
- Spezifische Talentdefinition (z.B. Musik, Sport,
  etc.)

In der aktuellen Forschung hat sich jedoch eine Definition auf der Basis eines IQ-Werts als praktikabel erwiesen. So definiert Albert (1971) einen IQ von >=130 als Hochbegabung, einen IQ > 145 als höchstbegabt und einen IQ > 155 als außerordentlich hochbegabt. Es ist dabei zu beachten, dass der Unterschied zwischen hochbegabt und außerordentlich hochbegabt deutlich erheblicher ist, als es die Formulierung andeutet (Shaywitz et al 2001). In dieser Studie wird das Erreichen eines IQ-Wertes von >=130 in einem formellen IQ-Test als Nachweis einer Hochbegabung angenommen.

Familie

Da diese Studie die Belastungsfaktoren, die aus einer Hochbegabung eines Kindes im Familienverbund resultieren, untersuchen will, scheint eine Definition des Begriffs „Familie" sinnvoll. In der Soziologie betrachtet man die Familie als wichtigste gesellschaftliche Sozialisation und Ort der persönlichen Entwicklung (emotional, kognitiv, sozial) in der eine erste Wert- und Normenorientierung im geschützten Raum stattfindet (Süssmuth 1981). Es handelt sich dabei typischerweise um überschaubare Kleingruppen, bei denen Emotionen das Binnenklima bestimmen und eine klare Abgrenzung nach außen, unter der Gewährleistung stabiler Bezugspersonen, existiert.

Auch in der Psychologie wird das Themenfeld Familie intensiv beforscht, u.a. durch Schneewind (1987), mit seiner Forderung nach einer neuen Familienpsychologie. Familien sind soziale

Bezugssysteme mit den Kriterien Abgrenzung, Privatheit, Dauerhaftigkeit und Nähe – erweitert von Petzold & Nickel (S. 243) um den Faktor „Generationsübergreifend", d.h. Paare mit Kindern oder Kinder, die ihre Eltern versorgen.

Brunner und Huber (1989, S. 34) prägen einen systemischen Familienbegriff: Eine Familie ist „eine Menge von Objekten zusammen mit den Relationen zwischen den Objekten und zwischen anderen Eigenschaften". Sie sehen Ganzheitlichkeit als wichtigstes Merkmal und zirkuläre Abläufe (wechselseitige, über längere Zeitabschnitte sich abspielende Interaktionsprozesse) die im optimalen Fall in einer Homöostase münden.

Auch Studien, die den Zusammenhang von familiären Umwelten und kognitiven Fähigkeiten des Kindes beleuchten sowie deren Bedeutung für die kognitive Sozialisation, gelten weitgehend als unbestritten (Majoribanks 1972, Schuck & Schuck 1979, Huber u. Mandl 1980, Rost u. Albrecht 1985, Rutter 1987, Papastefanou 1989).

Dagegen sieht die Forschungslage bei Familien mit hochbegabten Kindern deutlich eingeschränkter aus. Es existiert zwar eine große Zahl an Ratgeberliteratur, jedoch vergleichsweise wenig empirische Studien. Auch ist im Themenfeld die Grenze zwischen „U" und „E" Literatur scheinbar durchlässiger als in anderen Fachbereichen. Tettenborn (1996, S. 55) verweist in diesem Zusammenhang ausdrücklich auf

„Alltagsmythen", die auch weit bis in die empirische Forschung diffundieren, hin.

Weiterhin schlägt Tettenborn (1996, S. 142) die Konzentration auf folgende Faktoren für die Beurteilung von Familien im Kontext Hochbegabung vor:

- Familiengröße
- Geschwisterposition des Kindes
- Schulbildung der Eltern
- Alter der Eltern bei der Geburt des Kindes
- Familienstatus
- Erwerbstätigkeit der Mütter (Erziehungsperson)

Außerdem wird ausdrücklich erwähnt, das die biologische Mutter durch eine andere qualifizierte Betreuungsperson ersetzt werden kann, ohne das dies Nachteile für die kindliche Entwicklung hat (Tettenborn 1996, S. 146). Auf dieser Basis kritisiert Tettenborn (1996, S. 55) viele Studien, im Wesentlichen aus folgenden Gründen:

- Unterschiedliche oder unscharfe Operationalisierung von HB
- Fehlende Vergleichsgruppen
- Kleine Stichproben, Subgruppenanalysen deshalb kaum möglich
- Vorselegierte Stichproben

- Fehlende Kontrolle des Wissens der Familie um die Hochbegabung des Kindes

Aufgrund der Struktur des erhobenen Datensatzes ist Familie in dieser Studie eine Konstellation von Eltern oder einer/einem Alleinerziehenden mit mindestens einem (hochbegabten) Kind. Eine genauere Beschreibung der Stichprobe findet sich auf Seite 116.

Belastungs- bzw. Entlastungsfaktoren

Belastungen können auf viele verschiedene Weisen entstehen. Ein wichtige Rolle stellt jedoch der Faktor Stress dar. Im Stressmodell nach Lazarus (1966) handelt es dabei um den Vorgang, bei denen eine objektive Anforderung durch subjektive Bewertung zur Belastung wird. Zuerst wird die Anforderung eingeschätzt und mit den eigenen Bewältigungsressourcen verglichen. Wenn ungenügende eigene Coping-Strategien vorhanden sind, entsteht Stress. Im Kontext dieser Studie ist sowohl das Stresserleben der Eltern als auch das der Kinder relevant für die Entstehung von Belastungsfaktoren.

Das Stresserleben hochbegabter Kinder wird kontrovers diskutiert, z.B. von Arnold (2011, S. 55) der das Fehlen von empirische Belegen moniert. Webb et al. (2007) berichtet von hochbegabten Kindern, die häufiger unter Stress geraten und sich häufig in ihrer Umwelt als anders (im Vergleich zu anderen Kindern oder Familienmitgliedern) erleben. Silverman (2002) sieht als Ursache dafür eine asynchrone intraindividuelle

Entwicklung bei hochbegabten und normalbegabten Kindern der gleichen Altersgruppe. Dagegen sehen Preuss und Dubov (2004) in ihren Ergebnissen mehr eine Tendenz, dass Hochbegabte eher besser sozial und schulisch angepasst sind als Normalbegabte und zudem über mehr Problemlöse- u. Copingstrategien verfügen. Dieser Darstellung wird auch von Stapf (2003) unterstützt.

In dieser Studie werden deshalb einerseits die typischen Belastungsfaktoren, die es in jeder Familie gibt, mit Hilfe eines normierten Tests (siehe Seite 132) gemessen, und zusätzlich spezielle Parameter zur Erfassung hochbegabungsspezifischer Besonderheiten erfasst. Die Auswahl der Parameter erfolgte auf einer Metaanalyse bekannter Hochbegabtenstudien und ist auf Seite 143 detailliert beschrieben.

Außenwahrnehmung von Hochbegabten

Harmonie- vs. Disharmonie-Hypothese

Bei der Betrachtung von Hochbegabung stehen sich zwei grundsätzliche Lager gegenüber. Die einen folgen der Disharmoniehypothese, bei der die Hochbegabung im Wesentlichen eine Erschwernis im sozialen Kontext darstellt, während andere eher von einer Harmoniehypothese ausgehen, die Hochbegabung für eine Bereicherung hält. Beide Seiten können zur Stärkung ihrer Sichtweise entsprechende Studien vorlegen.

Eine extreme Sichtweise der Disharmoniehypothese vertritt Lombroso (1987), der Genies in die Nähe von degenerierten, Verbrechern und Geistesgestörten rückt. Viele Studien, die die Disharmoniethese unterstützen, entstanden nach dem zweiten Weltkrieg bis in die 80er Jahre hinein. Oft bemängelt wird bei diesen Studien die nicht repräsentative Auswahl der Versuchsgruppen. Häufig wurden Teilnehmer aus dem klinischen- oder Beratungsumfeld rekrutiert und damit nur „problembehaftete" Hochbegabte eingeschlossen. Hochbegabte, die keinerlei Probleme hatten oder sogar besser als die durchschnittliche Bevölkerung zurechtkamen, wurden in diesen Studien kaum berücksichtigt – von der Dunkelziffer nicht erkannter Hochbegabter ganz abgesehen. Klein (2002) und Hollingworth (1975) halten Hochbegabte für Problemanfälliger. Sie sehen einen IQ über IQ 180 (Stanford-Binet) als signifikantes Risiko für Entfremdungsgefühle. Eine Sichtweise, die auch von Brody u. Benbow (1986) sowie Shaywitz et al. (2001) unterstützt wird. Auch der Maryland Report (Maryland 1972) sieht tatsächliche Nachteile Hochbegabter, die dadurch psychische Schädigungen erleiden können. Es finden sich in den Studien zahlreiche Anhänger dieser Vulnerabilitätshypothese von Hochbegabten, siehe Altman (1983), Delisle (1986), Hayes u. Sloat (1989), Kaiser u. Brendt (1985), Kaplan, (1983), Silverman (1991), Webb, Meckstroth u. Tolan (2007).

Dem entgegen stehen die Vertreter der Harmoniehypothese z.B. Terman (1959) als prominentester Vertreter, aber auch Colangelo u. Brower (1987), Scholwinski u. Reynoldy (1985),

Dirkes (1983), Janos u. Robinson (1985), Shore, Cornell, Robinson u. Ward (1991) und die „National Association for the Gifted Children" (2002), die keine besondere Anfälligkeit von Hochbegabten im sozialen oder emotionalen Bereichen sieht.

Häufig begründet sich die Kritik auf spezifische Faktoren bei der Stichprobenerhebung, die bei Beachtung zu völlig anderen Ergebnissen führen.

Wichtige Faktoren bei der Teilnehmerauswahl sind z.B.:

- Wissen um die eigene Begabung
- Objektive Definition von HB
- Längsschnittlicher Ansatz
- Beobachtung vs. Intervention
- Einbeziehung versch. Informationsquellen
- Adäquate Kontrollgruppe

Besonders Unterschiede im sozioökonomischen Status der Gruppen kann das Ergebnis entscheidend verändern (Preckel u. Baudson 2013, S57 - 58). Umfangreiche Studien, z.B. der Vergleich von Hochbegabten und Normalbegabten in Bezug auf Charaktereigenschaften (BIG 5) sind zwar relativ selten, stützen aber überwiegend die Harmoniehypothese. So fand DeYoung (2011) heraus, dass Hochbegabte eher eine größere Offenheit gegenüber Erfahrungen zeigten, als die Vergleichsgruppen. Direkte Zusammenhänge zwischen IQ und emotionaler Stabilität konnten bisher nicht nachgewiesen werden. Einige Untersuchungen zeigen, dass Hochbegabte emotionaler sogar eher stabiler waren als der Durchschnitt. Auch bei psychischen Störungen gab es keine Häufungen bei Hochbegabten (Preckel u. Baudson (2013, S. 60). Auch das Stresserleben und Wohlbefinden ist bei Hochbegabten vergleichbar mit den Vergleichsgruppen (Zeidner u. Shani-Zinovich, 2011). Ein wichtiges Ergebnis, da psychische Gesundheit und Stresserleben die Umsetzung von Begabung in Leistung beeinflussen kann.

Möglicherweise ist ein hoher IQ sogar ein Schutzfaktor (Leikas et al. 2009). Es konnte von DeYoung (2011) auch kein Zusammenhang zwischen Verträglichkeit und IQ nachgewiesen werden. Die Gruppe der Hochbegabten wies sogar eine deutlich niedrigere Aggression auf. Auch Schillings (2009) Betrachtungen aus der Marburger Hochbegabtenstudie finden allenfalls in Details Unterschiede zwischen Hochbegabten und der Kontrollgruppe. Beim Faktor „Gewissenhaftigkeit" konnten Ackerman u. Heggestad (1997) auch keine Unterschiede feststellen. Die Fähigkeit zum Belohnungsaufschub, ein wichtiger Faktor beim Umgang mit Belastungen, scheint bei Hochbegabten sogar höher ausgeprägt (DeYoung 2001). Auch im Bereich Extra-/Intraversion konnten in der Marburger Hochbegabtenstudie kaum Unterschiede nachgewiesen werden (Rost 2009). Auch Studien von Metha u. McWhirter (1997) oder Rost u. Czeschlik (1990 u. 1994) konnten keine Nachteile zu Lasten einer Hochbegabung zeigen. Im Gegenteil – bei Rost (2009) lagen die Hochbegabten sogar in fast allen getesteten

Skalen günstiger als die Vergleichsgruppe. Metha et al. (1997) testeten eine Gruppe Hochbegabter und eine zufällig ausgewählte Normgruppe mit der Adolescent Life-Change Event Scale und dem Beck Depression Inventory und fanden in keiner Skala signifikante Unterschiede.

Fazit: Bei unselegierten Stichproben verschwinden die Unterscheide zwischen hochbegabt und normal bzgl. dem Auftreten psychopathologischer Probleme. Hochbegabung ist kein Prädiktor für psychische Probleme (Rost 2009, S. 166)
Auch was Persönlichkeitsmerkmale angeht, erbringen gut gemachte Studien kaum Unterschiede und wenn, sogar leicht zu Gunsten der Hochbegabten. Als Beispielstudie kann die Arbeit von Kirkendall u. Ismail (1979) herangezogen werden. Bei n=205 wurden 3 IQ Gruppen hoch/normal/unterdurchschnittlich gebildet und mit Hilfe einer Diskriminanzanalyse mit einem CPQ Test ausgewertet (Karnes et al. 1983). Die besten Diskriminatoren waren „Emotionale Wärme", „ Emotionale Stabilität", „Begeisterungsfähigkeit" und „Natürlichkeit". Dabei hatte die Gruppe der Hochbegabten die besten Ergebnisse. Insgesamt scheint der sozioökonomische Status von enormer Wichtigkeit bei der Betrachtung zu sein (Schlichting 1967 und Killian 1983). Unterschiede zwischen den Gruppen verschwinden, wenn der sozioökonomischer Status mit Hilfe einer Kovarianzanalyse auspartialisiert wird.

Trotz geringer Differenzen in Testergebnissen kann es jedoch trotzdem einen Unterschied für das Entstehen von

Belastungsfaktoren geben. So muss ein Hochbegabter u.U. weit weniger Anstrengung aufwenden, um ein vergleichbares Ergebnis bei dem Lösen einer Aufgabe zu erreichen, was in diesem Fall als Entlastungsfaktor wirken kann (Schütz 2009). Kritik zur Harmoniehypothese kommt u.a. von Webb (Silverman 1991 / Webb et al. 2007), der annimmt, dass Förderprogramme dafür sorgen, dass Hochbegabte unauffällig bleiben und die Studienteilnehmer zum Beleg der Harmoniehypothese herangezogen werden.

Unterschiede zwischen normal- und hochbegabten Menschen

Charakterstudien

Intelligenz spielt bei der Ausprägung von verschiedenen Charaktereigenschaften eine Rolle. So zeigt das Modell für die Vorhersage von Selbstvertrauen aus der Münchner Längsschnittstudie LOGIK (2008) die intellektuellen Fähigkeiten eines Menschen als einen modulierenden Faktor für die Bereiche schulische Leistung, Selbstvertrauen und soziale Integration.

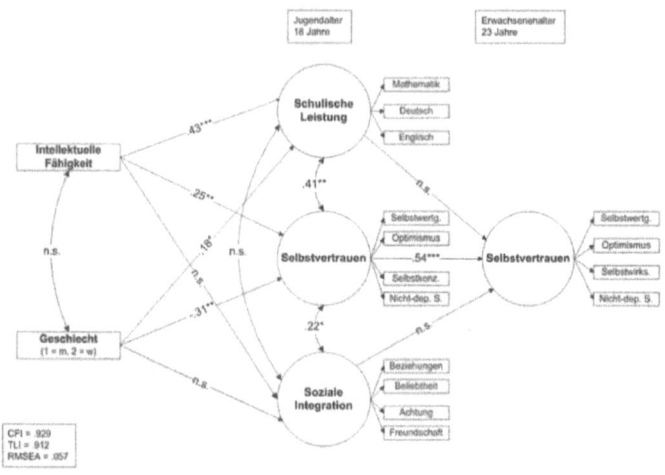

Abbildung 4 - Modell für die Vorhersage des Selbstvertrauen im frühen Erwachsenenalter durch frühes Selbstvertrauen, fachlichen Leistungsstand und soziale Integration unter Kontrolle von intellektueller Fähigkeit und Geschlecht. Schrader u. Helmke 2008, S. 158

Die Frage, ob der IQ ein Persönlichkeitsmerkmal ist, untersuchte DeYoung in 2011. Das Eugene-Springfield-Dataset (n=478) untersuchte Teilnehmer zwischen 20 – 85 Jahren aus allen Bildungsschichten (199 Männer, 279 Frauen). Durchgeführt wurde ein simpler IQ-Screening-Test (15 Multiple-Choice Aufgaben) und ein Persönlichkeitstest mit 45 Dimensionen. Die Ergebnisse zeigten eine enge Übereinstimmung zwischen IQ und großer Offenheit gegenüber Erfahrungen (von 9 Dimensionen dieser Kategorie zeigten 8 positive Relationen, nämlich intellektuelles Engagement, intellektuelle Kreativität, mentale Schnelligkeit, intellektuelle Kompetenz, Selbstbeobachtung, Einfallsreichtum, intellektuelle Tiefe und Vorstellungskraft).

Von den 45 Dimension des Persönlichkeitstests hatten 23 keine Verbindung zum IQ (Geselligkeit, Freundlichkeit, Durchsetzungsvermögen, Auftreten, Gesprächigkeit, soziales Verständnis, Herzlichkeit, Umgänglichkeit, Einfühlungsvermögen, Kooperation, Mitgefühl, Gewissenhaftigkeit, Effizienz, Pflichtgefühl, Zielstrebigkeit, Umsicht, Vernunft, Perfektionismus, Gelassenheit, Impulskontrolle, Unerschütterlichkeit, Besonnenheit und Ruhe). 8 Dimensionen zeigten eine positive Relation (Organisation, Zähigkeit, provozierende Eigenschaften, Führungsverhalten, Selbstoffenbarung, emotionale Stabilität, Mäßigung und Fröhlichkeit) und 8 Dimensionen eine negative Relation (Ordnungssinn, Moral, Fürsorge, Zärtlichkeit und Geselligkeit - alle jedoch nur schwache Relationen).

Offenheit für Erfahrungen ist das herausragende Merkmal nach dieser Untersuchung, aber auch Denkweise, Emotion und Motivation unterscheiden sich gegenüber einer Normalgruppe – interessanter Weise wird keiner dieser Faktoren in einem IQ Test wirklich überzeugend gemessen.

Kovaltchouk (1998, S. 121) fand, dass bei nicht-kognitiven Unterschieden hauptsächlich die Dimension Skepsis-Negativismus signifikante Abweichungen zu Normalbegabten aufwiesen. Er wies allerdings auch darauf hin, dass kulturelle Spezifitäten eine Rolle dabei spielen könnten. So ist z.B. Russland (Ort der Studie) viel stärker kollektivistisch geprägt als Deutschland. Die Ergebnisse sind daher nicht ohne weiteres übertragbar. Hanses (1998) teilt die Einschätzung von Kovaltchouk, betrachtet aber die Gruppe der Underarchiever als Problemkinder (Hanses & Rost, 1998), die in vielen Fällen sogar Psychotherapie benötigen.

Deutliche Unterschiede in den Bereichen Emotionalität (z.B. Intensität emotionalen Erlebens) und Intellektualität (Streben nach Wissen) im Gruppenvergleich fanden u.a. Gallager (1986), Miller, Silvermann & Falk (1994), Bouchet & Falk (2001).

Nur wenige Veröffentlichungen beschreiben die sozialen und emotionalen Verhaltensmerkmale von Hochbegabten (Baum u. Olenchak 2002, Lovecky 2004, Silverman 1993 u. 2002, Webb 1993, Winner 1996). Webb (2015. S47) fasst aus den vorhandenen Quellen folgende typische Merkmale zusammen:

- Überdurchschnittlich großer Wortschatz und die Fähigkeit, komplexe Sätze zu bilden
- Erfassen Feinheiten von Sprache besser als ihre Altersgruppe
- Längere Aufmerksamkeitsspanne
- Intensität u. Sensitivität
- Breites Interessenspektrum
- Große Neugierde und viele Fragen

- Experimentierfreude
- Ungewöhnliches Verknüpfen von Fakten und Ideen (divergentes Denken)
- Schnelleres Lernen bei weniger Übung
- Lese- u. Schreibfertigkeiten schon im Grundschulalter
- Gutes Gedächtnis
- Imaginäre Spielkameraden im Grundschulalter
- Außergewöhnlicher Sinn für Humor

Trotzdem kann man sagen, dass es aufgrund der aktuellen Forschungslage nahe liegt, dass Hochbegabte nicht zwingenderweise spezielle Charaktereigenschaften (zu deren Nachteil) aufweisen.

Forschungsstand Belastungsfaktoren & Hochbegabung

Die meisten Verfahren zur Erkennung von Hochbegabten berücksichtigen Entwicklungs- u. Umweltaspekte und die sich daraus ergebenden Interaktionseffekte nicht oder kaum (Preckel u. Baudson 2013, S.28) Für unidentifizierte Hochbegabte gibt es fast keine empirischen Studien (Webb 2015, S 38)).

Häufige Probleme bei Studien

Wie schon auf Seite 38 aufgeführt, teilt sich die Studienlage in 2 Lager (Harmonie- vs. Disharmoniehypothese). Auch wenn viele Studien (z.B. Terman 1925) zeigen, dass sich Hochbegabte wenig oder eher positiv von der Normgruppe abheben, vertritt die Mehrzahl der erschienenen Studien einen anderen Standpunkt und propagieren die Genie-Verrücktheits-Hypothese (Rost 2009, S. 163).

Becker (1978) hat mehr als 50 Veröffentlichungen zwischen 1836 und 1950 ausgewertet. Rund 71% aller Studien vertraten die These, dass Hochbegabung höhere Vulnerabilität für psychische Auffälligkeiten und Verhaltensstörungen mit sich bringt. Dies ist auch heute noch der Tenor vieler Veröffentlichungen z.B. Stapf (1988) „Warum es für viele Hochbegabte nach der 4. Klasse schon zu spät ist" oder Spahn (1997) „Der Leidensweg hochbegabter Kinder".

Dem entgegen steht deutliche Kritik am methodischen Ansatz dieser Studien. So sichtete Schmidt (1977 u. 1982) 197 Krankengeschichten aus Kinder- u. Jugendpsychiatrie und fand nach einem IQ-Test überproportional häufig hochbegabte Kinder (Schwellenkriterium IQ > 120). Er bemerkte zwar auch einen deutlich überdurchschnittlichen Bildungs-, Sozial- und Berufsstatus der Eltern, ignorierte dies aber bei den Auswertungen. Es zeigte sich auch, dass die Mütter oft ehrgeiziger und häufig unzufrieden mit dem eigenen

Erziehungsverhalten waren, was sich auf die Eltern-Kind-Interaktion auswirkte (Freeman 1982).

Um konfundierende Faktoren auszuschließen, müssen die Belastungsfaktoren in Familien mit Familienverhältnissen und IQ Merkmalen in Relation gesetzt werden, was leider selten der Fall ist.

Olszewski et al. (1988) fasst die Kritikpunkte an Disharmonie-studien in seiner Arbeit zusammen:

- Allg. Kritik an Stichproben / zu kleine Stichproben
- stark abweichende Definitionen von Hochbegabung
- verschiedene Intelligenzmaße
- Stichproben aus bereits selektierten Stichproben
- Schulerfolg als Messlatte
- Rolle von Etikettierung (Labeling-Effekte) weitgehend unberücksichtigt

Der Einfluss von Webb auf die Wahrnehmung von Hochbegabten

Die Veröffentlichungen von Webb spielen im Themenbereich „Hochbegabung" eine besondere Rolle. Neben seinem umfangreichen wissenschaftlichen Werk ist Webb auch einer der meistgelesenen Autoren bei populärwissenschaftlicher Literatur zum Thema Hochbegabung, z.B. auf Amazon.de. Man kann deshalb sagen, dass Webb mit seinen Ratgebern eine ganze Generation von Eltern, Lehrern und Erziehern mit seinem Bild der Hochbegabung beeinflusst hat, was natürlich im Umkehrschluss auch die Lebenswelt der Hochbegabten möglicherweise verändert.

Seine populärwissenschaftlichen Bücher unterscheiden sich aber wesentlich von den Veröffentlichungen von z.B. Rost (2009), die deutlich mehr an aktuellen Forschungsergebnissen orientiert sind. Es sind mehr Ratgeber und enthalten oft vergleichsweise wenig Verweise auf Referenzen oder Studien. Häufig verweist Webb auch auf eigene Studien. So wird z.B. als „Hervorragende Quellen für Eltern hochbegabter Kinder" (Webb 2015, S. 288) eine Liste von 8 Quellen aufgezählt, bei denen 5 von Webb selbst stammen. Alternativ findet man für Aussagen von Webb über viele Seiten keine Referenzangaben oder es wird lediglich anekdotisch belegt. Die „Hochbegabungs-Bibel" von Webb (2017) „Hochbegabte Kinder – Das große Handbuch für Eltern" kommt im Text sogar weitgehend ohne Referenzen auf konkrete Studien aus. Wahrscheinlich, weil das Buch sich an Eltern und nicht an Fachleute richtet.

Weiterhin bringt Webb (2015, S.85 – 236) häufig hochbegabungsspezifische Eigenschaftenn, als Gründe für Falschdiagnosen mit verschiedenen psychischen Störungen in Verbindung, z.B. Wut- oder Angststörungen. Über weite Strecken wird dafür jedoch auch hier keine Referenz in Form von Studien aufgeführt oder nur anekdotisch untermauert. Aussagen wie z.B. „Narzissmus (ist) auch ein fundamentaler Aspekt im Leben vieler gesunder hochbegabter Personen". (Webb 2015, S. 133) und ähnliche finden sich häufig. Leider bleibt Webb den Beweis der meisten dieser Behauptungen auch in seinen Forschungsstudien schuldig.

Aufgrund der prägenden Rolle, die Webb mit seiner Literatur in der Lebensumwelt der Hochbegabten innehat, ist es von Interesse, inwiefern sich solche Annahmen – sozusagen als *self-fulfilling prophecy* – in den Belastungsfaktoren bei Hochbegabten wiederfinden. Dieser Punkt wird auf Seite 49 detailliert betrachtet.

Das Marburger Hochbegabtenprojekt

Das Marburger Hochbegabtenprojekt (MHP) unter der Leitung von Rost nimmt eine Sonderstellung im Bereich der Hochbegabungsforschung ein. Einzigartig in Deutschland, und auch im internationalen Umfeld eher ein Sonderfall, ist es als aufwendige Längsschnittstudie dazu geeignet, tiefgreifende Einblicke in die Lebensumwelt von Hochbegabten zu liefern. Die Datenerhebung der Studie, die 1983 startete, dauert noch an. Begonnen wurde mit einer unselektierten Stichprobe (n=7289) von Drittklässlern aus neun Bundesländern. Allein dieser Zugang, der auf vorselektierte Gruppen Hochbegabter verzichtet, eliminiert schon einen weithin bemängelten Bias in der Hochbegabtenfoschung.

In der Stichprobe wurden dann durch IQ-Tests die Gruppe der Hochbegabten selektiert (Schwellwert war IQ >=130). Jedem hochbegabten Kind wurde dann ein Kind gleichen Geschlechts, Alters und – soweit möglich – gleichem sozioökonomischen Status zugeordnet. Eine weitgehende Parallelisierung konnte für 136 der 151 identifizierten Hochbegabten durchgeführt werden. Zusätzlich gab es später noch Teilstichproben aus Hochleistern und durchschnittlich leistenden Kindern. Damit ergaben sich insgesamt 4 Vergleichsgruppen. Zu dieser laufenden Studie gab es bereits eine Vielzahl Veröffentlichungen, z.B. Rost (1993, 2009). Die Ergebnisse stützen deutlich die bereits von Terman (1956) veröffentlichten Ergebnisse, dessen Studie einen ähnlich aufwendigen Ansatz hatte. Beide großen Studien stützen deutlich die Harmoniehypothese, nachdem Hochbegabte keine höhere Vulnerabilität aufweisen und nicht im sozialen Kontext benachteiligt sind.

Die Ergebnisse des MHP belegen, dass Hochbegabte gut in das Schulsystem integriert, schulisch erfolgreich und sozial unauffällig sind. Sie können als psychisch besonders stabil und selbstbewusst gelten. Der verschrobene, egozentrische Hochbegabte ist ein „schlichtes Vorurteil" (Rost 2009, S204). Selbst in Details konnten kaum Unterschiede zu den Vergleichsgruppen festgestellt werden. So wies eine Untersuchung zur Spielzeugnutzung (Rost 1993) keine Unterschiede zur Kontrollgruppe auf, solange im ähnlichen sozioökonomischen Kontext geblieben wird. Auch der kognitive Vorsprung der Hochbegabten gegenüber den Gleichaltrigen

Peers macht keinen Unterschied. Lewis u. Rosenblum (1975) stellten fest: "Individuen, die aktuell auf einer ähnlichen Verhaltensebene operieren, können sich auch in Bezug auf Entwicklungsstand erheblich unterscheiden".

Dies wird auch von Hartup (1983) gestützt. Hochbegabte sind keine Außenseiter, lediglich die Untergruppe der Underachiever (ca. 12% der Hochbegabten) muss gesondert betrachtet werden (Rost 2009, S. 170). Rost fasst die Erkenntnisse in einem Satz zusammen: „Hochbegabte sind normal – bis auf den IQ" (Rost 1993, 2009).

Diese Erkenntnisse sind auch für die Betrachtung von Belastungsfaktoren von Bedeutung. Da es unbestritten Belastungen gibt , das zeigt die Inanspruchnahme von Hilfsprogrammen und die Nachfrage nach Ratgeberliteratur, die möglicherweise nicht in den Eigenschaften der Hochbegabten selbst liegen, ist eine genaue Analyse externer Faktoren, z.B. der Einfluss des Umgangs der Eltern mit dem Thema Hochbegabung, notwendig.

IQ - Modelle und Belastungsfaktoren

Erklärungsmodelle zur Intelligenz stehen schon seit Anfang der Intelligenzforschung zur Verfügung. Längst nicht alle dieser Modelle eignen sich zur Ableitung von Belastungsfaktoren. Zur Ermittlung von möglichen, hochbegabungsspezifischen Einflussfaktoren auf die Familienbelastung, ist es deshalb sinnvoll, einige Modelle genauer zu betrachten.

Das Spearman 2-Faktoren Modell (Abbildung 5) stellt eines der ältesten verfügbaren Modelle dar.

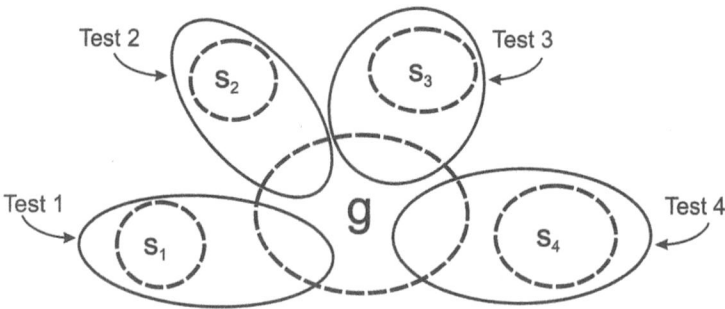

Abbildung 5 - Generalfaktortheorie der Intelligenz nach Spearman (aus Hofstätter, 1954, S. 175; modifiziert) / S=aufgabenspezifische Faktoren

Die Idee von einem Generalfaktor, der durch eine Anzahl aufgabenspezifische Faktoren ergänzt wird, enthält bestenfalls indirekt Einflussgrößen aus der sozialen Umgebung des Hochbegabten und ist daher nicht besonders geeignet, Belastungsfaktoren abzuleiten.

Einen Schritt weiter geht bereits das 3-Ringe Modell von Renzulli (1978) – siehe Abbildung 6.

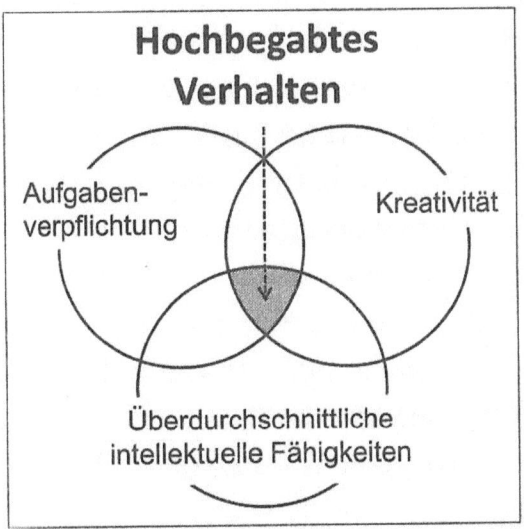

Abbildung 6 - Drei-Ringe-Modell der Begabung von Renzulli (1978) in Preckel u. Baudson (2013, S. 15)

Hier ist die Hypothese, dass ein Mensch nicht hochbegabt geboren wird, sondern sich erst im Zusammenspiel der Faktoren eine Hochbegabung ergibt. In diesem Modell werden Umweltfaktoren schon etwas stärker berücksichtigt.

Mönks Modell der triadischen Interdepenz (Abbildung 7) baut im Wesentlichen auf Renzulli auf, fügt jedoch ausdrücklich Umweltfaktoren (Schule, Peers, Familie) hinzu. Er nennt damit schon 3 potentielle Einflussfaktoren auf die Familienbelastung.

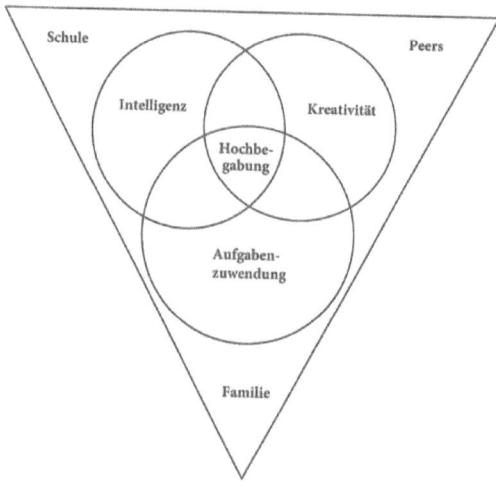

Abbildung 7 - Mönks Modell der triadischen Interdepenz (Mönks 1995, S. 16)

Noch detaillierter auf soziale- und Umgebungsfaktoren stützt sich das Münchner Hochbegabungsmodell nach Heller (Abbildung 8). Fast schon inflationär werden hier viele verschiedene Leitungsgebiete und Faktoren miteinander in einem Modell vereint. Es nähert sich damit schon dem Konzept von Gardners Modell multipler Intelligenzen (1982). In diesem

Modell zeigt sich schon deutlich, wie Komplex das Thema
Belastungsfaktoren bei Hochbegabten ist.

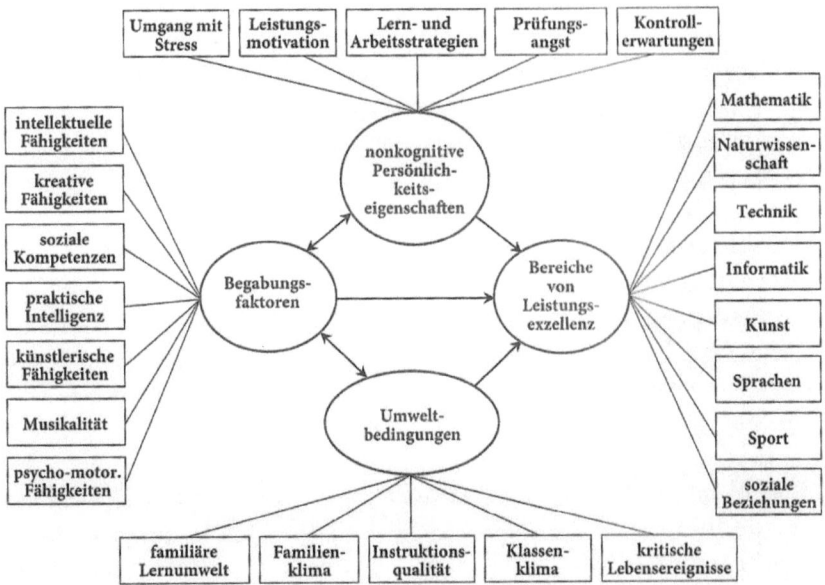

Abbildung 8 - Münchner Hochbegabungsmodell nach Heller et al. (Heller et al. 2005, 149)

Es stehen jedoch noch komplexere Modelle zur Verfügung. So enthält das SOI-Modell (Structure of Intellect) von Guilford (1985) bereits 150 Faktoren (Abbildung 9).

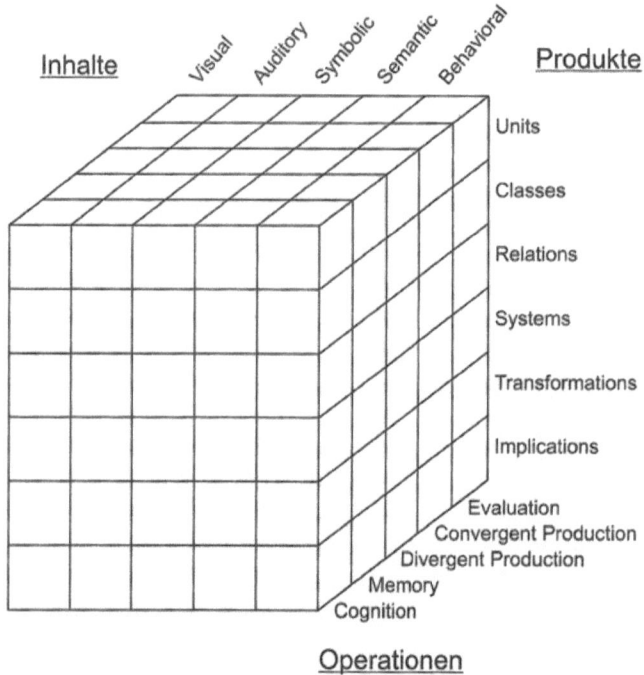

Abbildung 9 - SOI Modell von Guilford (Guilford 1985, S. 230; modifiziert)

Modernere Konzepte verfolgen einen anderen Ansatz. Das von Gagnè (2004) vorgestellte differenzierte Begabungs- und Talentmodell (Abbildung 10) legt den Fokus auf den Begabungsaspekt und damit auf weitgehend „angeborene"

Fähigkeiten. Leistungsexzellenz wird durch Lernen und Training mit Energie und Ausdauer erreicht, wobei intrapersonale Katalysatoren z.B. Leistungsmotivation eine wichtige Rolle spielen.

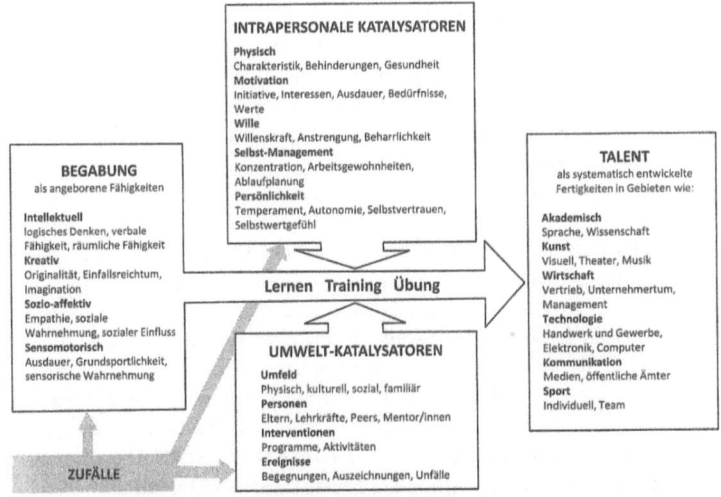

Abbildung 10 - Differenziertes Begabungs- u. Talentmodell (Gagnè 2003, 2004) in Preckel u. Baudson (2013, S. 17)

Auch hier spielen die Umwelt-Katalysatoren eine wesentliche Rolle – auch als Quelle für Belastungsfaktoren.

Ähnlich beschreibt es auch McGrew (2009) mit seinem Konzept von Intelligenz als Eigenschaftshierarchie (Abbildung 11).

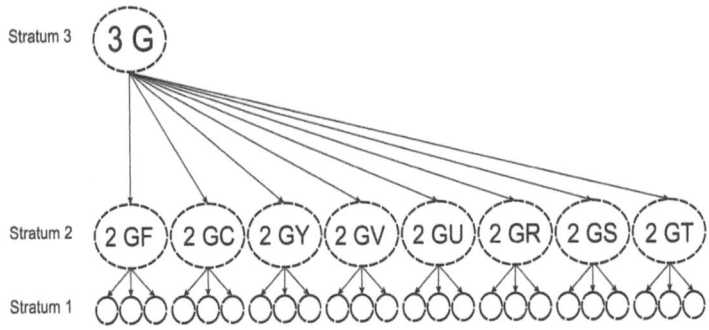

Allgemeine Intelligenz

Generalität +

Logisch-schlussfolgerndes Denken Wissen Kurzzeit-gedächtnis Lese- und Schreib-fähigkeiten Rechnerische Fähigkeiten Geschwindigkeit von Reaktionen und Entscheidungen Psycho-motorische Fähigkeiten etc.

Über 80 spezifische Fähigkeiten wie Induktion, Deduktion, Hörfähigkeit, Fähigkeit zum Erwerb von Fremdsprachen, Gedächtnisspanne, Vorstellungsvermögen, Klangunterscheidung, Rhythmus, Schreibgeschwindigkeit, mathematisches Wissen etc.

Abbildung 11 - Intelligenz als Eigenschaftshierarchie nach McGrew (2009) in Preckel u. Baudson (2013, S. 14)

In diesem Modell ist die Entfaltung von Potential auch stark durch das (nicht) Vorhandensein von Belastungsfaktoren, also der Möglichkeit der freien Entfaltung und Förderung, abhängig (Preckel u. Baudson 2013, S12).

Am häufigsten zitiert wird im aktuellen Diskurs das 3-Schichten IQ Modell Carroll (Abbildung 12) bzw. die Cattell-Horn-Carroll (CHC-Theory) – häufig auch als kombiniertes Modell.

Stratum 3 (3 G)

Stratum 2 (2 GF)(2 GC)(2 GY)(2 GV)(2 GU)(2 GR)(2 GS)(2 GT)

Stratum 1

Abbildung 12 - 3-Schichten-Intelligenzmodell – Carroll (2003, S627)

60

Die Überschneidungen zum klassischen Modell von Spearman (G-Faktor) sind offensichtlich, jedoch wurde das Modell um Gruppenfaktoren erweitert. Kombinierte Modelle von Catell & Horn und Carrol, das sog. CHC-Modell (CHC-Cattell-Horn-Carroll) ist das zur Zeit am meisten akzeptierte Modell zur Struktur kognitiver Fähigkeiten. Die CHC-Theorie bildet auch die Basis für viele aktuelle Intelligenztests (z.B. WISC IV (HAWIK-IV), K-ABC II, Woodcock-Johnson III). Aufbauend auf Spearmans G-Faktor kommen in der 2 Schicht bzw. 3 Schicht dann noch weitere Faktoren hinzu (Abbildung 13).

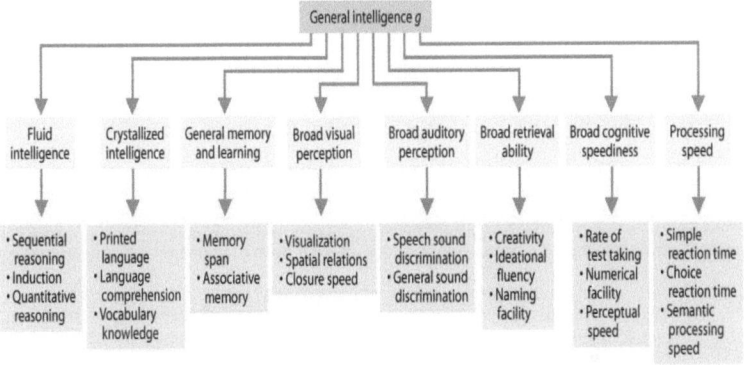

Abbildung 13 - Carrols 3-Schichten Modell der Intelligenz aus Siegler et al. (2005) - Entwicklungspsychologie im Kindes- und Jugendalter.

Wie man sieht, spielen in diesem Modell soziale und andere Umweltfaktoren keine ausdrückliche Rolle.

Neben den Intelligenzmodellen spielen auch Modelle zum Intelligenz- u. Fertigkeitenerwerb eine wichtige Rolle, da sie wesentliche von dem Vorhandensein einer günstigen Umwelt (möglichst wenig Belastungsfaktoren) abhängig sind. Wesentlich in diesem Kontext ist z.B. das zielgerichtete Üben (deliberate Practice) nach Gottlieb (1992) -Abbildung 14-, d.h. eigene Fähigkeiten durch Üben – insbesondere mit Anleitung – weiterzuentwickeln. Dies funktioniert im Lehrer-Schüler-Kontext nur auf der Grundlage einer guten Beziehung und Kooperation (Preckel u. Baudson 2013, S. 19).

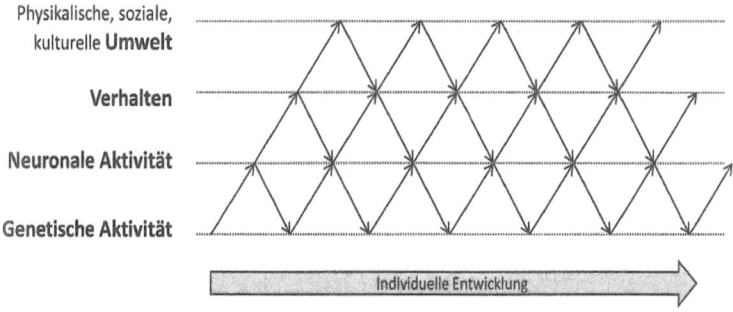

Abbildung 14 - Zusammenspiel von Genen, Verhalten u. Umwelt im Verlauf individueller Entwicklung (nach Gottlieb, 1992, S. 186) in Preckel u. Baudson (2013, S. 21)

Die Entwicklung wird durch ein Zusammenspiel von Genen und Umwelt gestaltet, bei der z.B. Stress auch genetische u. neuronale Aktivität verändern kann (Kolassa & Elbert 2007).

Die Expertiseforschung nach Bloom (1985) setzt dagegen keine besondere Begabung für das Erreichen von Expertise voraus. Einzig der Übungszeitraum – man spricht hier von einer 10.000 (Übungs)stunden-Regel (Abbildung 15) um Expertise zu erreichen – scheint relevant. Es wird auch ausdrücklich auf die oft unscharfe Unterscheidung zwischen Hochbegabung und Leistungsexzellenz hingewiesen.

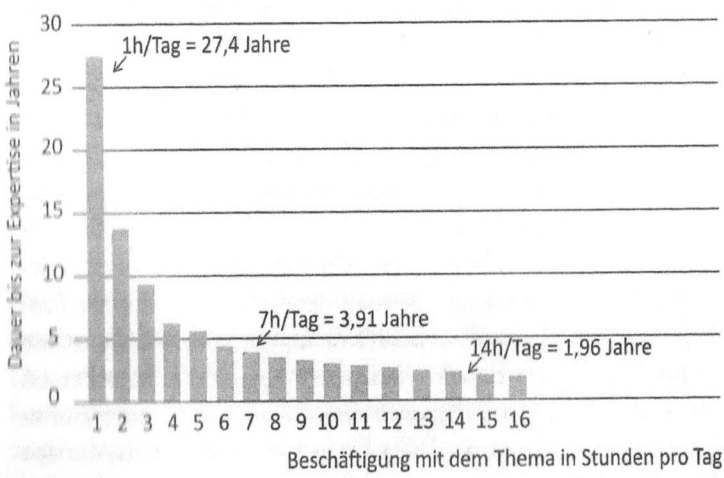

Abbildung 15 - Erlangung von Expertise in einer Domaine nach Blooms (1985) 10.000 Stunden Regel in Preckel u. Baudson (2013, S. 18)

Die ebenfalls oft angeführte Schwellenhypothese[2], d.h. ab einer bestimmten Begabungshöhe findet sich nur noch ein geringer Zusammenhang zwischen Begabung und tatsächlicher Leistung, konnte von Lubinski et al. (2001) dagegen nicht nachgewiesen werden. Die Ergebnisse zeigten, dass selbst innerhalb der Gruppe der Intelligentesten 1% einer Population, IQ-Unterschiede immer noch zur Vorhersage von Leistungsunterschieden beitragen.

Umwelt von hochbegabten Kindern und mögliche Belastungsquellen

Um Aussagen zu Belastungsfaktoren in Familien mit hochbegabten Kindern zu treffen, ist es nicht nur nötig den eventuellen Einfluss von hoher Intelligenz auf Charakter und Verhalten eines Kindes zu untersuchen. Wie bereits gezeigt wurde, sind auch die Einflussgrößen aus dem sozialen und kulturellen Umfeld von wesentlicher Bedeutung. Faktoren wie Familie, Eltern-Kind-Beziehung, Persönlichkeit der Eltern, Familiengröße, Geschwister, Geschlechterunterschiede, Peer Group, Schule, sozioökonomischer Status, Komorbiditäten oder Fehldiagnosen und Labeling Effekte müssen ebenfalls betrachtet werden.

---

[2] Gelegentlich auch als Matthäus-Effekt bezeichnet (Evangelium nach Matthäus, 25,29, „Wer hat, dem wird gegeben“).

Familie

Scheinbar handelt es sich bei der Erziehung von Kindern im Allgemeinen – auch ohne dem Vorliegen von Hochbegabung – um ein schwieriges Vorhaben. Gerster et al. (2004) erkennt z.B. einen Erziehungsnotstand während Walper (2006, S. 22) ca. 50% der Eltern mit einem unsicherem Erziehungsstil sieht und von großen Schwierigkeiten Kindern überhaupt Bildung zu vermitteln, oft aufgrund unzureichender Erziehung, berichtet.

Auch bei den Hochbegabten gab es Befunde, bei denen die Elternrolle beeinträchtigt scheint. Hackney (1981) konstatierte, dass es den Eltern schwer fallen kann, Eltern- u. Kindrollen klar zu unterscheiden und häufig das hochbegabte Kind als Erwachsenen behandeln. In Familien mit mehreren Kindern findet sich nach Silverman (1993) häufig eine zu starke Konzentration auf das hochbegabte Kind. Auch scheint es geschlechtsspezifische Unterscheide bei der Einschätzung von Problemen im Erziehungsalltag (Arnold 2011, S129) zu geben, da Väter Probleme tendenziell geringer einschätzen.

Der Beziehung von Hochbegabung und Familie wird in Studien eine besondere Bedeutung beigemessen (Mönks 1985, Übersichtsarbeit von Freeman 2000). Oft ist von spezifischen Hochbegabungs-Problemen im Familienkontext die Rede (Hackney 1981, McMann u. Oliver 1988, Keirouz 1990, Meckstroth 1992, Wittmann u. Holling 2001. May (1994) sieht Hochbegabung als potentieller Stressor für Familien.

Wie schon mit den Ergebnissen des Marburger Hochbegabten Projekts und der Terman-Studie gezeigt wurde, ist es aber außerordentlich schwierig, Faktoren zu identifizieren – neben dem IQ selbst – bei denen sich Hochbegabte von anderen unterscheiden. Gleiches gilt auch für deren Verhalten im Familienverbund.

Mathews et al. (1986, S. 40) weist darauf hin, dass in der Literatur überwiegend von besonderen Anforderungen in Familien aufgrund von Hochbegabung eines Kindes gesprochen wird – im Original: „Risk for the healty family functioning". Gleichzeitig konnte er aber auch nachweisen (Mathews, West u. Hosie 1986), dass in Familien hochbegabte Kindern kommunikationsfähiger und verhaltenskontrollierter sind. Er spricht in diesem Zusammenhang von mehr „psychological adjustment". Die Studie ergab auch, dass der Zusammenhalt in der Familie sich nicht von der Vergleichsgruppe unterscheidet.
In der Studie von Cornell & Grossberg (1987), (n=83, mittlerer IQ von 140 / Family Environment Scale (FES von Moos & Moos 1981 als Messinstrument)), zeigte sich, dass in Familien mit Hochbegabten sogar höheres Gewicht auf wechselseitige unterstützende Beziehungen gelegt wird und häufiger Gedanken und Gefühle ausgetauscht werden.

Nur wenige Studien betrachten Familien als System. Der Family Environment Scale (Moos u. Moos 1981) wird dabei häufig als Messinstrument benutzt, liefert jedoch wechselnde Ergebnisse. So fand Klaus (1997) keinen Unterschied bei

Elterneinschätzungen in Bezug auf die Kinder. Tabackman (1977) konstatierte, dass Eltern ihre hochbegabten Kinder als erwachsenenorientierter, intellektueller, unstrukturierter, unabhängiger und harmonischer wahrnehmen. Auch West et al. (1989) benutzte in seiner Studie FACES III (Family Adaptability and Cohesion Evaluation Scales), konnte aber keinerlei signifikante Unterschiede im Familienverbund gegenüber der Kontrollgruppe feststellen. Gleiches versuchte auch Taylor (1996), der Teilnehmer eines Enrichment-Programms befragte. Auch er fand keinen Unterscheid im Vergleich zur Normgruppe, außer leicht signifikanten Werten im Bereich Adaptabilität der Familie – zu Gunsten der Hochbegabten. Ein ähnliches Ergebnis wurde auch von Csikszentmihakyi et al. (1993) erzielt.

Tettenborn (1996 S.174) konnte bei einer Vielzahl von Faktoren keinen Unterschied zwischen Familien mit Hochbegabung und der Kontrollgruppe nachweisen. Folgende Faktoren wurden untersucht:

- Familiengröße
- Geschwisterposition
- Alter der Eltern bei der Geburt des Kindes
- Positive o. negative Gefühle des HB Kindes gegenüber Familienmitgliedern
- Elterneinschätzung des familiären Zusammenhalts
- Elterneinschätzung der Flexibilität des Miteinander-Umgehens

Die Studienlage zeigt, wie schwer es ist, hochbegabungs-spezifische Faktoren im Familienverbund zu identifizieren. Rost (Rost 2009, S. 469) hält deshalb die Datenlage für ungenügend, um eine erschöpfende Bewertung zu ermöglichen. Zusätzlich sieht er ähnliche Mängel in typischen Studien, die die Interpretation erschweren (Rost 2009, S. 469):

- Unklare oder unterschiedliche Selektionskriterien für Hochbegabte und vorselegierte Stichproben z.B. aus Förderprogrammen
- Hohe Altersvarianz (Familienentwicklungsaufgaben mit Grundschulkindern sind anders als z.B. mit Jugendlichen in der Pubertät)
- Keine echte Berücksichtigung des sozioökonomischen Status als wesentlicher Einflussfaktor
- Fragwürdige Integration verschiedener Datenquellen (wer in der Familie hat den Fragebogen ausgefüllt? Vater liefert u.U. andere Daten als Mutter)

Schilling et al. (2009) nutzt im MHP[3] nur „vollständige" Familien. Alle Mitglieder füllen die Fragebogen zeitlich parallel aber unabhängig voneinander aus. Dabei ergaben sich N1= 84 Familien, N2 Kontrollgruppe = 95. Die Gruppen unterscheiden

---

[3] Marburger Hochbegabten Projekt

sich z.B. in der Anzahl von Trennungen bzw. Scheidungen, Familiengröße oder Geschwisterposition nicht signifikant. Es wurden verschiede Fragebogen für die jeweiligen Datenquellen (Jugendliche, Mütter, u. Väter) benutzt. Als Datenquelle für die Jugendlichen wurde z.b. eine eigene Übersetzung von FACES III verwendet. Weiterhin kamen Varianten der Familienklimaskalen (Schneewind et al. 1985) zum Einsatz, zusätzlich auch ausgewählte Items der Skala Kommunikation (KOM) des Familieneinschätzungsbogens von Cierpka (1988). Damit wurden wesentliche Kritikfaktoren von Rost eliminiert.

Die Ergebnisse zeigen keine Hinweise auf Unterscheide im Familiensystem – auch wenn sozioökonomische Faktoren statistisch gleich gestellt werden. Damit repliziert die Studie im Wesentlichen die Ergebnisse von Tettenborn-Nebling (1993) und Tettenborn (1996) – unabhängig von Alter der Hochbegabten und Vergleichsgruppenkinder. Die Korrelation zwischen Familiensystemfacetten von Eltern und Jugendlichen war maximal mittelhoch (Väter/Jugendliche: $r=0.35$, Mütter/Jugendliche: $r=0.38$, aus diesem Grund scheint es wenig ratsam, Eltern einfach zur einer Datenquelle zusammen zu fassen).

Vor diesem Hintergrund scheint es fraglich, ob es die „typische" Hochbegabtenfamilie überhaupt gibt. Laut Brackmann (2007) gibt es auch den typischen Hochbegabten nicht.

Was eint alle Familien mit min. einem (oder mehreren) hochbegabten Kindern und was unterscheidet sie von normalen Familien? Die besten Antworten zu dieser Frage liefert wieder das Marburger Hochbegabten Projekt.

Im Marburger Hochbegabtenprojekt wurde der Family Adaption and Cohesion Evaluation Scales (FACES) Fragebogen von Olson, Portner u. Lavee (1985), basierend auf dem Circumplex-Model of martial and Family Systems (Abbildung 16), verwendet.

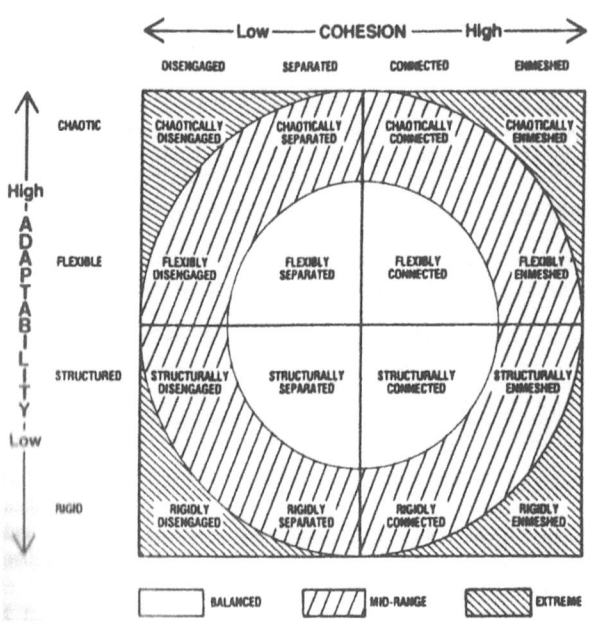

Abbildung 16 - Circumplex-Model of martial and Family Systems (Olsen et al. 1985)

Zur Analyse des familiären Beziehungsgeschehens wurde der Family Relation Test FRT Flämig & Wörner 1977, ins Deutsche übersetzt Test von Bene & Anthony (1978), verwendet.

Es zeigte sich, dass Eltern in Familien mit Hochbegabung überdurchschnittlich (12% vs. 4%) häufiger geschieden werden, was aber möglicherweise lediglich ein Alterseffekt ist, da der überwiegende Teil der Eltern einen hohen Bildungsabschluss hat und deswegen später heiratet bzw. Kinder bekommt. Es kann also auch eine zufällige Koinzidenz sein.

Das Ergebnis des Gruppenvergleichs zeigt jedoch keinen Zusammenhang zwischen Begabung des Kindes und positiven- oder negativen Familienbeziehungen. Weder höhere Beziehungsdichte noch Geschwisterrivalität konnten nachgewiesen werden. Die elterliche Einschätzung des Familiensystems steht in keinem Zusammenhang mit der Begabung oder Geschlecht des Kindes. Die Mütter erleben jedoch in einem signifikanten Zusammenhang einen größeren familiären Zusammenhalt und demokratisches Miteinander, je höher der soziale Status der Familie ist. Den Negativbefund (keine Unterscheide) erklärt Rost 1993 mit der nicht vorselektierten Stichprobe, im Gegensatz bei Rekrutierung aus z.B. Förderprogrammen.

Heller (2001, S. 323-324) zeigt mit den Ergebnissen der Münchner Hochbegabtenstudie, dass der „wechselseitige

Anpassungsprozess" zwischen Kind und Eltern in Familien mit hochbegabten Kindern sich von den Prozessen mit durchschnittlich begabten Kindern unterscheidet. Heller sieht eine besonders hohe Anpassungsfähigkeit von hochbegabten Kinder zur Anpassung an das familiäre Umfeld und deswegen eine geringeres Konfliktpotential als bei normal begabten Kindern – also auch hier ein Ergebnis eher zu Gunsten der Hochbegabten.

Bloom (1985) zeigt, dass es häufig zu Besonderheiten im Erziehungsstil bei Familien mit hochbegabten Kindern kommt. Es herrscht hohe Leistungs- u. Erfolgsorientierung und die Kinder werden mehr zu Aktivitäten außerhalb der Familie ermuntert (Dewing 1970, Morrow & Wilson 1961), wobei High-Achiever signifikant mehr Anerkennung und Vertrauen erfahren. Einige Studien berichten auch von eher kühlen und gespannten Familienbeziehungen, während Grobel (1990) eher intensivere und persönlichere Beziehungen zu Familienmitgliedern im Vergleich mit Normalbegabten sieht. Arnold (2011) hält es angesichts der vorliegenden Studien, die häufig auf kleinen Stichproben beruhen oder keine Kontrollgruppen hatten, für fraglich ob es tatsächlich signifikante Unterschiede in Familien mit oder ohne hochbegabte Kinder gibt. Gleichzeitig weist Arnold (2001) jedoch auch darauf hin, dass spezielle Hochbegabungsberatungsstellen empirische Hinweise auf Unterscheide zwischen den beiden Gruppen verzeichnen, besonders in den Bereichen Offenheit, Leistungs- und religiöse Orientierung. Der Zusammenhang zwischen kognitiver

Entwicklung und Sozialisation in Familien ist unbestritten (Schneewind 1994, Schneewind et al. 2000).

Auch wenn wenige Studien tatsächlich strukturelle Unterschiede durch Hochbegabung nachweisen konnten, scheinen Schwachpunkte im Familienverbund möglicherweise durch eine Hochbegabung deutlicher zu Tage zu treten. Freemann (2000, S. 581) sagte dazu: „Whatever problems already exists in the family, these can be intensified when there is an unusual child present".

Rost (2009, S. 467) führt dazu folgende Problembereiche auf:

- Änderung der innerfamiliären Rollenmuster – hochbegabtes Kind wird als Erwachsener behandelt
- Eltern fühlen sich überfordert o. unzulänglich
- Besondere Anpassungserfordernisse (z.B. starke Konzentration auf die Förderung des hochbegabten Kindes
- Konflikte in der Schule
- Neid/Unverständnis im sozialen Umfeld der Eltern
- Hohe Geschwisterrivalität
- Überhöhte Leistungserwartungen der Eltern
- Negative Stereotype

Der existierende Beratungs- u. Betreuungsbedarf von Familien mit hochbegabten Kindern zeigt, dass es jedoch erhebliche

Belastungsfaktoren geben muss. Außerdem untersuchten Cornell & Grossberg (1987) den Zusammenhang von Merkmalen familiären Zusammenlebens (Familienskalen erfassten Zusammenhalt, Offenheit und Konfliktneigung) und Fähigkeit der Kinder zur Verhaltenssteuerung. Das Ergebnis war eine signifikante Korrelation zwischen Förderprogrammen und Beziehungsaspekten.

Wenn es jedoch bei Charaktereigenschaften und in Familienbeziehungen kaum signifikante Faktoren gibt - was die Studienlage nahe legt – liegt eine Ursache möglicherweise im Umgang der Eltern mit dem Thema Hochbegabung oder deren Charaktereigenschaften.

Ein Beispiel dazu liefert z.B. Tettenborn (1996, S. 148). Der antizipierte Bildungsabschluss der Eltern für das (erkannte) hochbegabte Kind ist deutlich höher als in Vergleichsgruppen. Es baut sich dementsprechend eine hohe Leistungserwartung, möglicherweise sogar ein Leistungsdruck, auf. Die Hälfte der befragten Eltern geht von einem Hochschulstudium des Kindes aus, mehr als 10% sehen sogar die Promotion oder einen Professorentitel als wahrscheinlich an.

In Vergleichsgruppen sehen 41% einen Haupt- oder Realschulabschluß als wahrscheinlich für das Kind an. In Gruppen mit Eltern hochbegabter Kinder sind dies lediglich 5,3%. Insgesamt sind die Unterschiede in der Schulaufbahnerwartung deutlich ($p < 0.0001$).

Jungs werden insgesamt von ihren Eltern als begabter eingestuft als Mädchen. Ob es einen Zusammenhang zu den deutlich häufiger verhaltensauffälligen männlichen Hochbegabten gibt, wurde bisher nicht umfassend untersucht. Besonders interessant ist in diesem Zusammenhang auch das Thema „Underachiever", d.h. hochbegabte Kinder, die trotz hoher Intelligenz in der Schule eher unterdurchschnittliche Leistungen zeigen (siehe auch Seite 93).

Tettenborn (1996) lieferte zusätzlich eine Übersicht zu Studien zur Persönlichkeit der Eltern hochbegabter Kinder (Abbildung 17 - Übersicht über ausgewählte Studien zur Persönlichkeit der Eltern hochbegabter Kinder – Aus Tettenborn 1996 – S. 80).

Autor/Jahr	Stichprobe	Variablen	Hauptergebnisse
Groth (1975)	240 Mütter von hb Kindern (Alter?; IQ obersten 2%); Mitglieder der Gifted Children Association in L.A.; (Teilnahmequote 40%) VG: keine	I*: Stanford-Binet, Wechsler; Elternfragebogen; u.a. Fragen zur Familienstruktur, Ausbildung und Beruf, zum „psychologischen" Alter im Vergleich zum „chronologischen" Alter, zur Berufstätigkeit ...	75% der Mütter fühlen sich jünger als ihr angegebenes Alter. 53% haben 1-2 Kinder, lediglich 17% mehr als 3 Kinder. 80 Mütter bezeichnen sich selbst als hb, von ihnen sind 57% nicht berufstätig (vs. 75% der übrigen Mütter).
Benbow, Stanley, Kirk & Zonder-mann (1983)	46 Mütter & 45 Väter (35 vollständige Familien) einer Subgruppe der SMPY-Teilnehmer: 12 Mädchen (12-18J.), 60 Jungen (10-20 Jahre) mit PQ>170 (obersten 0.3%! ihrer Altersgruppe); Mütter: M=42 Jahre Väter: M=45 Jahre VG: keine	I*: Ergebnisse von math. und verbalen Leistungstests (SAT-M, SAT-V), umgerechnet in Stanford Binet IQ-Äquivalente (PQ); Eltern und Kinder bearbeiteten 9 z.T. neu entwickelte Tests zur Feststellung der kognitiven Fähigkeiten	Die Eltern der hochintelligenten Kinder erreichten in den 9 Intelligenztests vergleichbar hohe Werte, z.B. im California Test of Mental Maturity (CTMM)-Language Factor (umgerechnet in IQ): Jungen: M=164 (SD=16), Mädchen: M=171 (SD=15), Mütter: M=151 (SD=17), Väter: M=148, (SD=17). Ergebnisse der Faktorenanalysen der Tests, getrennt berechnet für Kinder, Mütter und Väter, zeigen Ähnlichkeiten mit dem Zweifaktorenmodell der Intelligenz (verbal-educational factor „V:ed"; practical-spatial-mechanical „K:m") von Vernon (1961). Die Korrelation beider Faktoren von r=.40 bei den Eltern gibt aber auch Hinweise auf einen „g"-Faktor sensu Spearman (1904).
Fell, Dahlstrom & Winter (1984)	32 Mütter und 30 Väter von hb Kindern (oberstes 1% im WISC-R) vom Kindergarten bis 6th grade; Mütter: M=34 Jahre Väter: M=36 Jahre VG: US Normen des 16 PF	I*: WISC-R; überdurchschnitt-kognitive Leistungen in allgemeinem Leistungstest; Lehrernomination Persönlichkeitsfragebogen für die Eltern (16 PF)	Die Mütter der HB sind intelligenter, gewissenhafter und ausdauernder, unabhängiger und selbständiger als der Durchschnitt. Die Väter sind ebenfalls intelligenter und unabhängiger, aber auch zurückhaltender, angespannter und ängstlicher als der Durchschnitt.
Landau & Weissler (1993)	64 Familien mit einem Kind, das in ein Hochbegabtenprogramm aufgenommen wurde; 79 Familien, deren Kind die Aufnahmeprüfung nicht geschafft hat; Alter der Kinder: ?	I*: Kombination aus Gruppen IQ-Test und Raven-Matrizen; Teilnahme am Sonderprogramm ab IQ>140 (Wechsler); Sozialstatus, Anregungspotential des Elternhauses, häusl. Atmosphäre (gegenseitige Unterstützung, Ausmaß an Spannungen; akademischer Ausbildungsgrad; Interessen; Persönlichkeits-FB; Interaktion mit dem Kind, Einstellung zur Intelligenz des Kindes	Beide Gruppen unterscheiden sich nicht im sozialen Status und der häusl. Atmosphäre. Das Elternhaus der HB zeigt ein größeres Anregungspotential (Anzahl an Büchern, Kunstwerken Urlaubsreisen etc.: p<.01). Die Eltern der HB haben einen höheren Bildungsabschluß (Mü: p<.01; Va: p<.05). Mutter wie Vater der HB bewerten einen die kognitive Entwicklung fördernden Interaktionsstil positiv und sind sich der Intelligenz ihres Kindes bewußt (jeweils p<.001). Mütter wie Väter sind im Vergleich anspruchsvoller (p<.05), die Väter der HB zusätzlich liberaler (p<.01) und unabhängiger (p<.05).

*Die Angabe zum Intelligenztest bezieht sich auf die Auswahl der hochbegabten Kinder.

Abbildung 17 - Übersicht über ausgewählte Studien zur Persönlichkeit der Eltern hochbegabter Kinder – Aus Tettenborn 1996 – S. 80

Die Persönlichkeit und Erzziehungsstil der Eltern ist natürlich auch stark geprägt von deren eigenen Erfahrungen als Kind.

Der Erwerb der Kompetenzen zur Erziehung von Nachkommen braucht universelle Basisfaktoren (Renz-Polster 2009) , wie z.B.:

- Eigene Erfahrungen mit kompetenten Eltern
- Elternspiel (z.B. die Möglichkeit als Kind mit kleineren Kindern umzugehen)
- Gutes soziales Netz

Oft lassen sich Erziehungsprobleme durch das Fehlen einer dieser Faktoren erklären. Dazu kommt, dass unerzogene Kinder häufig vernachlässigte Kinder sind, d.h. es herrscht ein Mangel an Zuwendung, Verlässlichkeit und einem stabilen Bindungssystem. Erziehung ist nicht (allein) intuitiv (Renz-Polster 2009). Aus der allgemeinen Familienforschung weiß man, dass Vernachlässigungen bei Teenager-Müttern etwa 5 x häufiger als bei älteren Müttern vorkommen. Liebe als Erziehungskonzept funktioniert nur zusammen mit Kompetenz. Zu viel Freiheit für das Kind bürdet eine große Verantwortung auf, die dem Entwicklungsstand des Kindes oft nicht entspricht – insbesondere wenn man ein hochbegabtes Kind als „Erwachsen" behandelt. Damit wird die Entwicklung oft behindert. Gerade bei den tendenziell älteren Eltern von hochbegabten Kindern sollten sich deswegen Effekte beobachten lassen.

Aus biologischer Sicht sind menschliche Nachkommen der teuerste Nachwuchs – was Ressourcenverbrauch und Aufmerksamkeit angeht - im gesamten Tierreich. Deshalb war historisch gesehen das Aufziehen von Kindern immer eine Gemeinschaftsaufgabe. Es brauchte „ein ganzes Dorf" um ein Kind großzuziehen. Ein afrikanisches Sprichwort, das auch oft und gerne von Remo Largo (2000), einem bekannten Autor von Erziehungsratgebern und Kinderarzt, benutzt wird. Das Modell alleinerziehende Mutter ist eher eine Erfindung der Neuzeit und aus dieser Sicht besonders fordernd.

Auch die Rolle des Vaters ist in modernen Gesellschaften entscheidend vom Verhältnis zur Mutter geprägt. Die Art der Paarbeziehung stellt in modernen Gesellschaften den besten Prädiktor für das Vater / Kind Verhältnis dar (Florsheim et al. 2003 u. Geary 2000).
Gerade bei Hochbegabten ist oft ein „Assortative mating" (es wird innerhalb der gleichen Intelligenzgruppe geheiratet - Rost 2009) zu beobachten. Durch den erblichen Anteil ergibt sich schon daraus ein höherer Anteil besser begabter Kinder in oberen Schichten. Zwillings- u. Adoptionsstudie zeigen, das jenseits von genetischen Einflüssen (Abbildung 18) eine gemeinsame Umwelt Schulleistungsunterscheide weniger gut erklären kann als die spezifische Umwelt (Rost 2009, S 192). Es kommt also auf die individuellen Unterschied in der Umwelt an.

Verwandtschaftsverhältnis	Genetische Ähnlichkeit	Zahl der Paare	Ø r
MZ-Zwillinge, gemeinsames Zuhause	> .99	4672	.86
MZ-Zwillinge, durch Adoption getrennt	> .99	93	.78
DZ-Zwillinge, gemeinsames Zuhause	≈ .50	5533	.60
Geschwister, gemeinsames Zuhause	≈ .50	26473	.47
Geschwister, durch Adoption getrennt	≈ .50	203	.24
Eltern-Kind, gemeinsames Zuhause	≈ .50	8433	.42
Eltern-Kind, durch Adoption getrennt	≈ .50	720	.24
Adoptivkinder, gemeinsames Zuhause	.00	714	.32
Adoptiveltern-Adoptivkind, gemeins. Zuhause	.00	1397	.19

Abbildung 18 - Mittlere IQ-Korrelation aus Zwillings-, Adoptions- und Familienstudien aus Plomin et al., 1999, S. 125

Aber auch die umgekehrte Perspektive ist möglicherweise von Bedeutung für die Entstehung von Belastungsfaktoren in Familien mit hochbegabten Kindern. Leider gibt es zu diesem Aspekt nur sehr wenige Studien. Eine der wenigen ist die Längsschnittstudie von Gottfried et al. (1994) die zeigt, dass hochbegabte Kinder schon von früher Kindheit an anregende Aktivitäten von den Eltern fordern.

Aber auch nicht-hochbegabungsspezifische Forschung kann wichtige Aspekte beitragen. So haben Utzmann & Leven (2015) belegt, ein „gutes Verhältnis", d.h. wenige oder seltene Auseinandersetzungen, von Jugendlichen als wesentlich eingestuft werden. Geborgenheit als Grundgefühl, das nicht verloren gehen darf, bis hin zur Entwicklung – im fortschreitenden Alter – von Partnerschaft. Die gemeinsam verbrachte Zeit wird, gerade bei kleinen Kindern, oft als Indikator der Wertschätzung verstanden. Bei den älteren spielt Ehrlichkeit und Selbstständigkeit eine steigende Rolle. Familie wird als wichtig empfunden. Das zeigen auch die Daten der Shell Jugendstudie (Abbildung 19).

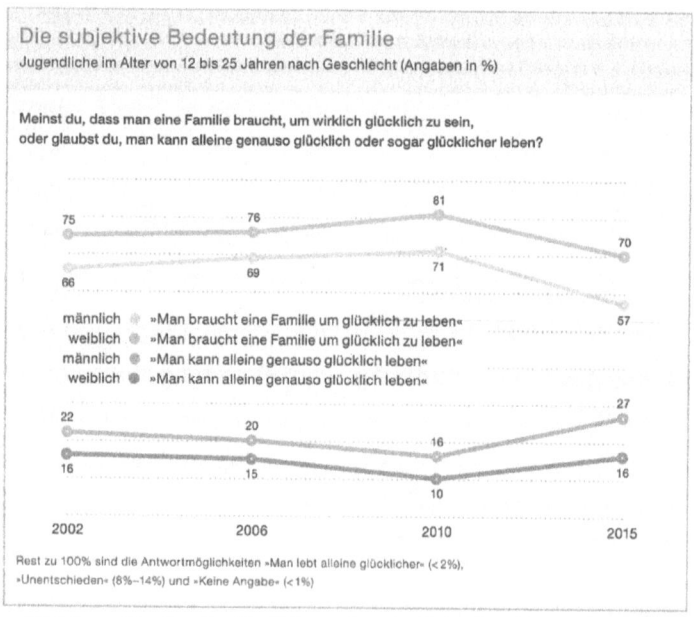

Abbildung 19 - Quelle: Shell Jugendstudie 2015 (S. 58) – TNS Infratest Sozialforschung

80

Auch Geschwisterkonflikte können eine Familie stark belasten (Peterson 1977). Oft genannt werden Eifersucht, Wettstreben, Insensibilität und mangelnder Respekt zwischen hoch und normalbegabten Kindern. Papastefanou (2002) hält das aber für kein spezifisches Problem im Zusammenhang mit Hochbegabung. Je größer die Familie, desto niedriger ist das kognitive Entwicklungsniveau der Kinder (Belmont u. Marolla 1973), wobei Erstgeborene häufiger auf weiterführenden Schulen anzutreffen sind als ihre Geschwister.

Gerade dieser Faktor wird jedoch kontrovers diskutiert. Während Bradley (1968) diese Aussage unterstützt, sieht Schooler (1972) darin eher eine Frage des Weltbilds oder der Kultur statt einer Verbindung zum Thema Hochbegabung. Er sieht z.B. den Faktor „Erstgeborenes = höhere Priorität für die Eltern" als bestimmender an. Eine große Studie von Breland (1974) mit 800.000 Stipendienanwärtern (Variablen mütterlicher/väterlicher Ausbildungsstand, Familieneinkommen, Alter der Mutter bei Geburt) zeigte, dass Erstgeborene aus kleinen Familien höchste, letztgeborene aus großen Familien niedrigste Werte in verbalen Tests erreichten. Dagegen fand die Studie von Hayes & Bronzaft (1979) mit 500 Teilnehmern jedoch keine signifikanten Auffälligkeiten bei den vorgegebenen Variablen.

Ähnlich unklar ist auch die Rolle der Geschlechterunterschiede bei Hochbegabten in Bezug auf mögliche Belastungsfaktoren. Hier ist die Datenlage noch dünner als bei den anderen

Belastungsfaktoren. Gängige, standardisierte IQ Test minimieren konstruktionsbedingt Geschlechterunterschiede (Rost 2009, S 174-175.) und sind insofern nur bedingt zur Datenerfassung zu diesem Thema geeignet. Je spezifischer die beobachtete Fähigkeit, desto größer können Geschlechtsunterscheide sein. Mädchen haben in der Pubertät einen Entwicklungsvorsprung, deswegen ist es schwierig geschlechtsvergleichende Untersuchungen bei Kindern vor der Pubertät zu machen. Zusätzlich sagen eventuelle Geschlechterunterschiede nichts darüber aus, wie sie entstanden sind (genetisch, sozialisation, etc.). Die Verteilung der einzelnen IQ-Werte innerhalb der beiden Geschlechtsgruppen scheint sich jedoch deutlich zu unterscheiden (Abbildung 20).

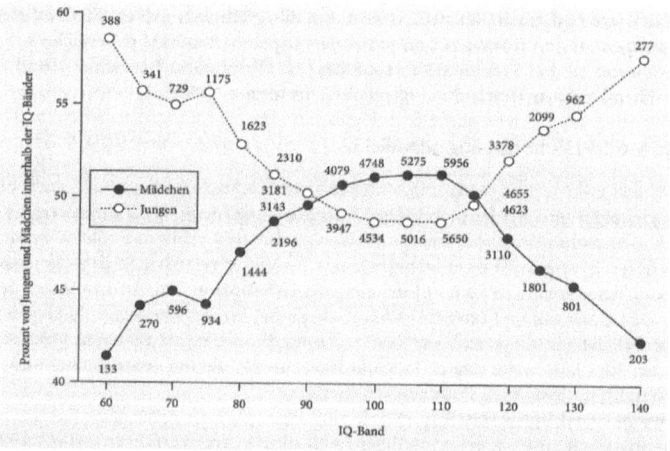

Abbildung 20 - Anzahl von Jungen u. Mädchen innerhalb der IQ Bänder aus Rost 2009, S. 184

Auch bei der Berufswahl bzw. Karriere schein es deutliche Unterschiede zwischen den Geschlechtern zu geben (Abbildung 21).

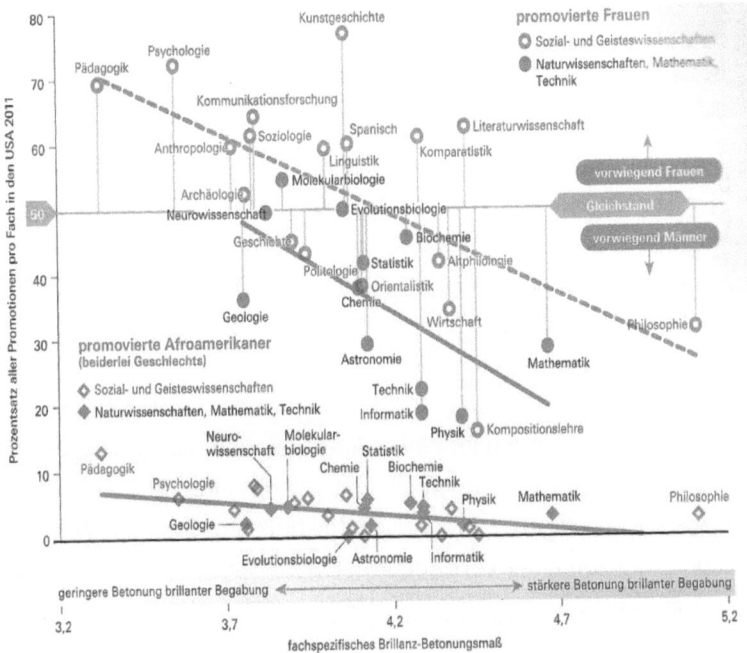

Abbildung 21 - Christiansen, J. (2018), nach Leslie, S. J. et al. (2017): Expectations of Brilliance Underlie Gender Distributions Across Academic Disciplines. In Science 347, S. 262-265, 2015 / Scientific American September 2017

Ein Rückschluss auf die Entstehung von Be- bzw. Entlastungsfaktoren im Familienverbund ist mit diesen Daten jedoch nicht möglich.

Peer Group

Die Peer Group scheint eine der wichtigsten Faktoren zu sein, wenn es um den Kontext Belastungsfaktoren in Familien geht. Allerdings ist es auch hier oft schwierig, die Unterschiede zwischen Hochbegabten und der Kontrollgruppe auszumachen. So stellen Hoberg und Rost (2009) fest, dass Hochbegabte keineswegs immer außergewöhnliche Interessen haben. Insgesamt konnten Hoberg und Rost (2009) keine wesentlichen Unterschiede feststellen. Die Gemeinsamkeiten sind deutlich größer als die Unterscheide.

Auch wenn Hochbegabte ihrer Altersklasse in einigen Bereichen voraus sind, gibt es doch ein gut entwickeltes Verständnis für moralische Fragen u. Freundschaftskonzepte. Sie wünschen sich das Eingehen einer vertrauensvollen Beziehung (Gross 2004) zu ihren Peers.

Gross (2009) sieht jedoch einen Mangel an intellektuell ebenbürtigen Personen – besonders in Kindergarten und Grundschule – als Ursache einer möglichen sozialen Isolation. Meistens gibt es jedoch einen negativen Zusammenhang zwischen Hochbegabung und Verhaltensproblemen (Grossberg u. Cornell 1988). Es sind dann eher ungünstige Konstellationen, die dafür verantwortlich sind. Hochbegabte sind keine Einzelgänger, auch wenn Webb (2000) und Webb et al. (2007) imaginäre Spielkameraden in der Vorschule als typisch für Hochbegabte bezeichnen.

Der Einfluss der Peer Gruppe ist nicht nur in der Adoleszenz wichtig, sondern stellt über die gesamte Kindheit einen wichtigen Sozialisationsfaktor dar (Hartup 1983 u. Rubin et al. 1998).

Coleman (1980) sieht folgende Ursachen für Wichtigkeit der Peers:

- Die unvermeidlichen und erheblichen Veränderungen die heranwachsende Erleben können durch Personen die ähnliches erleben moduliert bzw. erleichtert werden
- Fortschreitende Autonomie – Vertrauensverhältnis zu den Eltern verliert an Bedeutung
- Peergroup als „Experimentierfeld" für Identitätsfindung nach Erikson (1968)

Studien zeigen, dass Peer-Kontakte von Hochbegabten im Entwicklungsverlauf mindestens genauso gut und stabil sind, wie in einer normalen Kontrollgruppe (z.B. bei Austin & Draper 1981, Janos u. Robinson 1985, Czeschlik u. Rost 1988, Robinson

u. Noble 1991). Die gesicherte Belegbarkeit dieser Tatsache fehlt allerdings für extrem Hochbegabte (Rost 2009, S.372).

Probleme von Hochbegabten in der Peergroup stützen sich häufig auf 2 wesentliche Punkte (Rost 2009, s372):

- Veränderte Peer Normen (insbesondere bei der Akzeptanz von guten Schulleistungen)
- Mangel an entwicklungsgleichen Peers

Das Thema veränderte Normen wurden in USA untersucht (Tannenbaum 1962). Exzellente Leistung an sich wird nicht negativ belegt. Nur wenn sie mit einer leistungsbezogenen Arbeitshaltung („Streber") einher geht, und kein Interesse an Sport gezeigt wird – möglicherweise typisch für das Schulsystem in den USA. Jedoch zeigten ähnliche Studien in Australien vergleichbare Ergebnisse (Carrington 1996). Diese Ergebnisse lassen sich nur teilweise auch auf das deutsche Schulsystem übertragen (Fend 1998, S. 292 – „gute Noten mit wenig Leistung erreichen"). Besonderen Einfluss hat auch die die Schulform (Fend 1991). In Gymnasien ist der Effekt stärker als in Hauptschulen (Fend 1991).

Manaster u. Powell (1983) sehen soziale Anpassungs-schwierigkeiten in den verschiedenen Entwicklungsphasen und schlagen deshalb vor, Hochbegabten Zugang zu entwicklungsgleichen Peers (andere Hochbegabte oder Ältere) zu verschaffen, um die psychosoziale Entwicklung nicht zu gefährden. Dies konnte bisher jedoch kaum empirisch belegt werden (Rost 2009, S. 375). Trotzdem wird diese Idee häufig von der Politik aufgegriffen um z.B. Förderklassen (nur für Hochbegabte) einzurichten.

Insgesamt zeigt die Studienlage einen eher niedrigen Korrelationskoeffizienten zwischen Hochbegabung und Peer Beziehungen, und wenn, dann eher in einem positiven Zusammenhang. Hartup (1983) und Dollase (1998), zeigten auf, dass bei Problemfällen meistens der sozioökonomische Status der Studienteilnehmer nicht beachtet wurde. Auch eine große Studie von Rost & Czeschlik (1994) mit n=6564 unausgelesenen Grundschülern findet einen positiven Zusammenhang zwischen soziometrischer Beleibtheit und allgemeiner Intelligenz (r=0.21) (r=-0.22 für Intelligenz und sozialer Ablehnung).

Die Ergebnisse deuten also eher darauf hin, dass es keine soziale Isolation von Hochbegabten gibt (Rost 2009, S. 414). Auch suchen Hochbegabte – entgegen der verbreiteten Meinung – scheinbar nicht bevorzugt nach älteren Jugendlichen als Peer-Gruppe (Rost 2009 S. 415). Dabei ist auch zu beachten, dass Hochbegabte häufig die Jüngsten einer Klassenstufe sind (wie in der Terman Studie überwiegend der Fall) und Freunde innerhalb der Klasse suchen, d.h. diese sind mehrheitlich älter. Der verbindende Faktor ist aber nicht das Alter, sondern die Klassenzugehörigkeit.

Rost (1993) bringt es auf die kurze Formel: „Hochbegabte sind keine unbeliebten Streber oder Eierköpfe".

Webb (2015. S 69) sieht jedoch Peer Beziehungen als die häufigste Sorge von Eltern, was auch hier wieder nicht hochbegabungsspezifisch, sondern mehr eine Frage des Umgangs der Eltern mit dem Thema ist.

Insgesamt wird das Thema Hochbegabung und Peer Group in der Forschung uneinheitlich bewertet. Auch hier legen Anhänger der Disharmoniehypothese Belege für problematisches Verhalten vor. Webb (2015, S.70) stellt z.B. fest, dass Hochbegabte im Kindergarten die Phase des Parallelspiels oft früh hinter sich lassen und versuchen, interaktive Spiele zu spielen, die dann die anderen Kinder nicht mitspielen können und wollen. Dies führe zur Entfremdung von Peers und deswegen oft Flucht in Bücher und einem extremen Leseverhalten im Vergleich zur Altersgruppe. Klein (2002) rät deswegen Hochbegabten „Torheit lächelnd (zu) ertragen". Einige Studien zeigen Entfremdungsgefühle als häufige Ursache der Beeinträchtigung der sozialen und emotionalen Entwicklung, weswegen es oft fälschlicherweise zur Diagnose einer psychischen Störung kommt (Cillessen 1992, Hymel 1990, Parke 1997, Strop 2001). Auch Webb zitiert diese Studien als Beleg – häufig jedoch ohne zu erwähnen, dass diese Studien sich oft nicht auf Hochbegabte beziehen.

Schule

Die meisten Eltern mit schulpflichtigen Kindern würden wahrscheinlich intuitiv bei der Frage nach Belastungsfaktoren mit „Schule" antworten. Webb (2015, S. 37) bringt es auf einen einfachen Nenner: „Wenn es in der Schule gut läuft, läuft auch der Rest gut".

In unserer Gesellschaft dient die Schule nicht nur der Wissensvermittlung, sondern setzt auch gesellschaftliche Normen um. Russell (1974) sagte bereits, dass Erziehung die Anweisung und Schulung in gutem Benehmen ist. Was gutes Benehmen ist, bestimmen politische Institutionen und die sozialen Traditionen der Gemeinschaft in der man lebt – und eben auch die Schule. In seiner teilweise behavioristischen Sichtweise nennt er zwei Erziehungsstile, die bei Tier und Kind gleichermaßen wirksam sind. Belohnung und Bestrafung (wobei er schon eine streng erhobene Augenbraue des Vaters als Strafe definierte) um bestimmte Verhaltensweisen zu erzielen oder den Versuch, Emotionen zu fördern, die dann letztendlich zu den gewünschten Verhaltensweisen führen. Er erkannte schon früh die Probleme von Konditionierungstechniken (z. B. bei Lernkonzepten für Schulen) bei der Erziehung von Kindern und wies auf die Rolle von positiven Emotionen im Bindungsprozess zwischen Eltern, Lehrern und Kindern hin. Auch zeigte er die Vielfältigkeit und den Wandel, den Erziehungsrichtlinien unterworfen sind, z.B. Erziehung zum Bürger eines demokratischen Staates vs. Erziehung zum Soldaten einer Diktatur, nicht zuletzt durch das offizielle Schulsystem. So förderte er in seiner berühmten Schule Beacon Hill schon 1931 die absolute Redefreiheit auch für Kinder - zu dieser Zeit völlig unüblich – und zeigte damit die gesellschaftliche Wichtigkeit der Institution Schule.

Dahme (1996) fand heraus, dass Sekundarstufenlehrer in Deutschland den Anteil an Begabten auf durchschnittlich 3,5% schätzen – zum Vergleich 6,4% Amerika, 17,4% Indonesien. Damit liegen die deutschen Lehrer bei der Begabungserwartung ihrer Schüler deutlich hinter anderen Ländern.

Auch Ziegler u. Stoeger (2003) unterstützen diese These. In einer Hochbegabtenstudie war von den 42 als hochbegabt getesteten Kinder den Lehrkräften oder den Eltern keines aufgefallen. Offenbar werden Hochbegabte leichter erkannt, wenn deren Stärken in Bereichen liegen, die von Umwelt oder Schule gefordert werden (Preckel u. Baudson 2013, S.42). Auch hier scheinen sozioökonomische Faktoren von modulierender Wirkung zu sein – übrigens nicht nur bei den Hochbegabten. Auch die PISA-Studie zeigte, dass die Bildungschancen im hohen Maße von der Herkunft abhängen (Ramm 2004).

Bei Beurteilungen durch Lehrkräfte auf der Basis der Terman Studie von Burks et al. (1930) wurden nur kleine Anteile aus der Gruppe der Hochbegabten (5% Mädchen / 6% Jungen) von Lehrkräften gemieden oder von Mitschülern geärgert (5% Jungen / 12% Mädchen). Auch ein Großteil der Eltern (87%

Jungen / 91% Mädchen) gaben an, dass ihr Kind von anderen Kindern nicht als „anders" angesehen wird.

Besonders Schwierig scheint die Beurteilung des Einflusses von Förderprogrammen für Hochbegabte. Oft schließen Auffälligkeiten echte Hochbegabte aus Förderprogrammen aus, z.B. bei oppositionellem Verhalten wird wahrscheinlich keine Aufnahme in ein Förderprogramm stattfinden (Webb 2015 S. 37 und Neihart 1999). Häufig werden spezielle Förderprogramme auch als Instrument zur Problemvermeidung bei Hochbegabten angesehen, z.B. um ein angepasstes Konzept von Fordern und Fördern zu etablieren. So finden sich z.B. Konzepte zur Akzeleration oder Enrichment (Abbildung 22) mittlerweile häufig bei weiterführenden Schulen.

Akzeleration	Enrichment	Akzeleration & Enrichment
• Frühzeitige Einschulung	• Innere Differenzierung der Lerninhalte	• Individualisierung und «curriculum compacting» (Erfassung des individuellen Kenntnisstands mit entsprechender Anpassung der Lernzeiten und -inhalte; s. u.)
• Flexible Eingangsstufe	• Arbeitsgemeinschaften	
• Überspringen einer Klassenstufe (individuell oder in Gruppen)	• «Pull-Out»-Programme (zeitweilige Gruppierung mit besonderem Angebot)	
• Unterricht in höheren Klassen in einzelnen Fächern	• Wahl zusätzlicher Kurse	• Altersgemischte Klassen
	• Schülerwettbewerbe	• Intensivkurse
	• Kurse in Universitäten	• Spezielle Einrichtungen für Hochbegabte (Kindergärten, Schulen, Klassen etc.)
	• Schüleraustauschprogramme	
	• Ferienprogramme	
	• Mentoringprogramme	• Frühstudium

Abbildung 22 - Beispiele für Akzeleration u. Enrichment aus in Preckel u. Baudson (2013, S. 84)

Auch das Ausrichten an speziellen Lernstilen (Abbildung 23) wird immer häufiger angeboten.

Akustisch-sequenziell	Visuell-räumlich
Denkt überwiegend in Worten; lernt leichter, wenn der Lernstoff phonisch dargeboten wird.	Denkt überwiegend in Bildern; lernt leichter, wenn der Lernstoff visuell dargeboten wird.
Bevorzugt verbale Erklärungen.	Bevorzugt visuelle Erklärungen.
Verarbeitet Informationen und Aufgaben sequenziell.	Verarbeitet Informationen holistisch; verschafft sich lieber als Erstes einen allgemeinen Überblick.
Lernt lieber Fakten und Einzelheiten; bevorzugt spezifische Anweisungen.	Bevorzugt Aufgaben, bei denen abstraktes Denken gefragt ist; bevorzugt allgemeine Ziele und Vorgaben.
Erledigt Aufgaben nacheinander; geht linear und geordnet vor.	Beschäftigt sich lieber mit mehreren Aufgaben gleichzeitig (Multitasking).
Schätzt Strukturen und ist gut organisiert; bevorzugt zweckentsprechendes Material und Setting.	Bevorzugt offene, fließende Erfahrungen; schafft eigene Strukturen; improvisiert häufig; sucht nach Mustern.
Ist ein analytischer Denker; bringt Ideen mittels Logik hervor.	Zieht es vor, Aktivitäten zu integrieren; bringt Ideen intuitiv hervor.
Löst lieber bereits bestehende Probleme.	Löst lieber neue oder selbst gemachte Probleme.
Bevorzugt konkrete Aufgaben mit einer möglichen Lösung.	Bevorzugt abstrakte Konzepte; kann besser schlussfolgern als berechnen.
Geht mit Ernst an Probleme heran.	Geht spielerisch an Probleme heran.

Adaptiert aus Silverman, L. K. (2002). *Upside-Down Brilliance: The Visual-Spatial Learner*. Denver, CO: DeLeon.

Abbildung 23 - Lernstile - Aus Webb 2015, S. 63

Laut Webb (2015) treten Probleme dann auf, wenn Lernstile von hochbegabten Kindern und Eltern oder Lehrern nicht harmonieren und führen häufig zu Machtkämpfen (z.B. wegen „konfusem" Lehrstil). Hochbegabte Kinder hinterfragen dann oft Sinn u. Zweck der sozialen Regel, oder reagieren mit dysfunktionalem Perfektionismus (Parker u. Mills 1996). Viele hochbegabte Kinder sind enttäuscht, wenn sie merken, dass Eltern u. Lehrer ihre Ideale nicht teilen (Webb 2015, S 69). Diese Kinder werden dann oft als hyperempfindlich, zu ernst, pessimistisch oder depressiv gesehen. Webb (2015) bezieht sich oft auf Studien von Schulen in Amerika, was die Frage aufwirft, ob die Schulsysteme im deutschsprachigen Raum überhaupt vergleichbar sind und eine Übertragung der Ergebnisse zulässig ist. Ein Beispiel ist das in den USA weit verbreitete Lernen mittels Multiple Choice Fragebögen gegenüber Freitext in Deutschland.

Underachievement

Ähnlich wie Schule scheint auch das Thema Underachievement von enormer Bedeutung für das Entstehen von Belastungsfaktoren in Familien zu sein. Etwa 12% der Hochbegabten gelten als Underachiever (Hanses u. Rost 1998). Dabei fällt die Definition schwer, da die Noten der Underachiever durchaus im Durchschnittsbereich liegen können (Preckel u. Baudson 2013). Oft wird das Underachievement auch erst zum Ende der Grundschulzeit festgestellt (McCall et al. 1992).

Ein Großteil von Förderprogrammen beziehen sich auf das Vermeiden oder Beheben von Underachievement bei Hochbegabten.

Preckel, Holling und Vock (2006) bewerten Underachievment als „Need for Cognition" (Bedarf nach kognitiven Herausforderungen), und sehen Schule oft als Ursache von Stress und Angst. Hanses & Rost (1998) attestieren dazu Underachievern noch eine höhere Vulnerabilität im motivationalen und emotionalen Bereichen – einer der seltenen Fälle, bei denen auch Rost von einer Disharmoniehypothese ausgeht.

Erschwert wir die Analyse häufig durch ein Vermischen von Unterforderung und Underachievement (Eckerle u. Eckerle 2009, S.37-39). Unterforderung ist eher der Beginn des Prozesses, die dann erst später zur Ursache des Misslingens wird. Underachievement steht am Ende des Prozesses, als Folge des Misslingens (Leistungsabfalls). Trotzdem gilt, dass ein hochbegabtes Problemkind nicht zwingend Underachiever sein muss. In der Praxis wird Underachievement in der Mehrzahl der Fälle aufgrund einer Diskrepanz von Schulleistungen und Intelligenz erschlossen (Ziegler 2017, S.18).

Häufig sind situative Ursachen von Underachievement (Fehlen von Förderung, Trennung der Eltern, usw.). Studienergebnisse zeigen, dass es Underarchievern im Schulkontext nicht gut geht, d.h. es ist ein Leidensdruck vorhanden. Dies birgt ein hohes Risiko für erhebliche emotionale und soziale Probleme (Reis & McCoach 2000, Preckel u. Baudson S.43-44). In jeden Fall scheint es auch einen klaren Zusammenhang zwischen familiären Variablen und Underachievement zu geben (Morrow & Wilson 1961, Shaw & Dutton 1962, Dowdall & Colangelo

1982). Weiterhin scheint es auch hier fraglich, ob die Hochbegabung allein der entscheidende Faktor ist. Tettenborn (1996) analysiert in diesem Zusammenhang den Umgang der Eltern mit dem Thema (Abbildung 24) und identifizierte dabei das Erziehungsverhalten als Wirkfaktor.

Autor/Jahr	Stichprobe	Variablen	Hauptergebnisse
Shaw & Dutton (1962)	115 Schüler (10. und 11. Klasse high school); IQ>110; achiever (a): Durchschnittsnote (GPA) bei 3.0 und besser; underachiever (ua): GPA bei 2.7 und weniger; a-m: N=31; 22-Mu : 21-Va ua-m: N=36; 28-Mu : 21-Va a-w: N=33; 28-Mu : 13-Va ua-w: N=15; 8-Mu : 4-Va	I: California Test of Mental Maturity (CTMM) Parent Attitude Research Instrument (PARI)	Mütter der ua-w zeigen im Vergleich zu Müttern der a-w ein höheres Maß an autoritärer Kontrolle. Die Väter der ua-w und der ua-m unterdrücken stärker ihre Emotionen. Insgesamt gesehen haben die Eltern der underachiever negativere Einstellungen gegenüber ihren Kindern und sind mit ihrer Elternrolle weniger zufrieden.
McGillivray (1964)	235 von ca. 6000 getesteten Schülern (7. Klasse) in Toronto: IQ>130; Berechnung eines „Leistungsquotienten" (Leistungstestrohwert geteilt durch IQ-Wert): high-achiever (ha): 50 Schüler mit höchstem Leistungsquotienten low-achiever (la): 50 Schüler mit niedrigstem Leistungsquotienten	I: Dominion Quick Scoring Group test of Learning Capacity; Leistungstests in Englisch und Mathematik; umfangreiche Interviews mit Schülern und Eltern	Es gab keine Unterschiede in Familiengröße, -einkommen, Geburtsposition, elterl. Ausbildung und Beruf, Freizeitaktivitäten der Familie; Die Eltern der ha waren jedoch stärker an der Erziehung ihrer Kinder interessiert, wünschten eine Universitätsausbildung und waren besser über die außerschul. Aktivitäten ihrer Kinder informiert. Die ha waren im Durchschnitt 6 Monate älter als die la. Mehr la als ha hatten eine Klasse übersprungen.
Green, Fine & Tollefson (1988)	45 achieving (a) & 45 underachieving (ua) hb Jungen (13-15J.) und ihre Eltern (N=180); aus mittlerer bis überdurchschnittl. soz. Schicht; Kriterien (alternativ) für „ua": 1. geringes Leistungsniveau in eins oder mehr Hauptfächer (C); 2. Ein-Jahresdifferenz zwischen erwarteter und aktueller Leistung in stand. Leistungstest; 3. wird in 25% der Fälle nicht mit seinen Arbeiten fertig (Lehrerangaben)	I: Zweistufiger Identifikationsprozess: 1. Leistungstests, Lehrer- und Elternnominationen 2. Stanford-Binet oder Wechsler-Test, hier jeweils die obersten 2%; FACES II (Funktionalität der Familie): FB zur Familien der FES: expressiveness, conflict, independence & achievement	Familien mit „a" und „ua" hb Jungen unterscheiden sich nicht hinsichtlich der Funktionalität ihrer Familien. Letztere sind jedoch weniger mit ihrer Familie zufrieden. 37 der „a"- und 35 der „ua"-Familien wurden als „dysfunktional" eingestuft (!), wobei die 35 „ua"-Familien wesentlich unzufriedener mit der Familie waren. „A"- und „ua"-Familien unterscheiden sich nicht in den Skalen der FES.
Drews & Teahan (1957)	Gruppe 1: IQ>130, high-achiever (GPA „A"), high school Gruppe 2: IQ>130, low-achiever (GPA „B minus"); je 10 Mädchen, 10 Jungen, parallelisiert nach Alter, IQ und Beruf des Vater; Gruppe 3: IQ<120, high-achiever (GPA „A") 10 Jungen; high school Gruppe 4: IQ<120, low-achiever (GPA „C minus" or „D"), je 7 Mädchen, 7 Jungen, parallelisiert nach Alter, IQ, Beruf des Vaters	I: Stanford Binet; 30 Items der Parental Attitude Scale (PAS) von Shoben (1954); Dominating Scale (D), Possessive Scale (P), Ignoring Scale (I). Befragung der Mütter	Die Mütter der high achiever sind autoritärer und restriktiver als die Mütter der low achiever (p<.01 bzw. p<.05). Die Mütter von Gruppe 1 zeigen im Vergleich zu den Müttern von Gruppe 2 höhere Werte auf der „Dominating Scale" (p<.01).
Morrow & Wilson (1961)	96 Jungen der high-school, 9.-11. Klasse; high-achievers (ha): N=48, GPA 1.0-1.7, mittlerer IQ=126; low-achievers (la): N=48, GPA 2.75-5.0, mittlerer IQ=125; beide Gruppen parallelisiert nach „Jahrgang", „soziale Herkunft" und „Intelligenz"	I: 9 Fragebogen zu familiären Beziehungen (16 Skalen à 6 Items); einige Fragen zum sozialen Hintergrund der Familie, z.B. Beruf der Eltern, Anzahl, Alter und Geschlecht der Geschwister u.a.m.; Checkliste zu elterl. Erziehungszielen (keine Eltern-FB)	In 9 der 16 Skalen ergeben sich signifikante Gruppenunterschiede: Nach Angaben der la geben ihre Eltern ein höheres Maß an Anerkennung und Vertrauen (p<.001), sie sind weniger einschränkend und weniger streng (p<.01), ermutigen zur Leistung ohne darauf zu bestehen (p<.05) und akzeptieren eher die Peer-Aktivitäten (p<.01). In den Familien der „ha" teilt man Ideen und Vertrauen (p<.01) und verbringt gemeinsam die Freizeit (p<.05). Die „ha" akzeptieren eher die Standards ihrer Eltern (p<.01). Im sozialen Hintergrund beider Gruppen finden sich keine Unterschiede.

Abbildung 24 - Übersicht zu ausgewählten Studien zum Thema
„Underachievement", Tettenborn 1996, S. 94-95

95

Gerade bei Effekten durch die Enttäuschung der Eltern über die ausbleibende Leistung des Kindes scheint das Problem schon in der Bewertung zu liegen. Häufig wird z.B. mangelnde Leistungsmotivation und Konzentrationsfähigkeit, geringes schulisches Selbstkonzept, aber auch Aspekte des häuslichen Umfelds (Erziehungsstil u. Leistungserwartung der Eltern) als Ursache für das Konzept des Underachievements gesehen (Barrett 1957, Gowan 1957, Holmes 1962, Karnes et al. 1961, zusammenfassend Whitmore 1980). Überspitzt formuliert: Eltern von „Underachievern" haben ein weniger enges und weniger emotionales Verhältnis zum Kind. Sie verbringen weniger Zeit mit ihnen oder zeigen ein geringes Interesse an der Erziehung des Kindes, fordern aber höhere Schulleistungen, ohne dies entsprechend zu unterstützen oder motivierend einzugreifen.

Im Gegensatz von Eltern von Nicht-Underachievern setzen sie den Kindern auch weniger klare Grenzen.

Ein Problem bei der Auswertung der Studien ist die Frage nach der Wirkrichtung der Effekte. Ist Underachievement Ursache oder Folge der mangelnden Leistungsbereitschaft.

Oft ist bei Studien auch unklar, ob die Eltern, Lehrer usw. von der Differenz zwischen tatsächlicher Leistung und dem Potential des Kindes wissen. Cheney (1962) führte eine Studie (n= 121, Eltern von Kinder mit IQ > 125) durch. Dabei waren 82% der Eltern von der außergewöhnlichen Intelligenz des Kindes überzeugt – folgern dies aber auf der Basis der Schulleistungen. Die Mehrzahl der Underachiever Studien hat zudem nur Jungen in der Versuchsgruppe (Tettenborn 1996, S. 96).

Häufig ist die Erklärung „Underachiever" erleichternd für die Eltern. Ihr Kind ist ja schlau, aber es fehlt eben die kompetente Förderung in der Schule. Diese Externalisierung führt zwar für die Eltern zur Erleichterung ist aber kontraproduktiv für die Problemlösung. Im Kontext von Underachievement übersehen häufig Mütter (gff. auch eine andere primäre Bezugsperson für das Kind), aufgrund ihrer eigenen narzisstischen Bedürftigkeit, die weniger fortgeschrittene Entwicklung anderer Persönlichkeitsbereiche des Kindes (Emotion, logische Handlungsfähigkeit) (Newman, Dember u. Krug 1973). Kinder wirken sprachlich wie kluge Erwachsene, aber die Familiendynamik hat bisher eine eigene psychodynamische Entwicklung des Kindes verhindert.

Häufig ist es nicht das Wollen bei Underachievern sondern ein tatsächliches Nicht Können. Newman et al. (1973, S. 85) fasst es mit „I can, but I won't. I won't, so I don't. I don't, so I can't. I can't, but I'll say I won't." zusammen.

Auch beim Underachievement scheint der sozioökonomische Status der Familie wesentlich zu sein. Leider gibt es nur wenige Arbeiten, die diesen Faktor mit in Betracht ziehen. Frierson (1965) konnte zeigen, dass beim Ausschluss der sozioökonomischen Faktoren eine Nivellierung der gefundenen Effekte eintritt. Dies bestätigt auch Schlichting (1968, S. 147):

„... dass das positive Bild der Hochintelligenten, wie es frühere Untersuchungen gezeigt haben, tatsächlich das Bild einer sozial höher stehenden Gruppe war. Es zeigt sich, dass Alltagsmyhten nicht zur Beschreibung von Hochbegabtenfamilien taugen" (Tettenborn 1996, S 99).

Sozioökonomischer Status

Die Rolle des sozioökonomischen Status bei Hochbegabten und deren Familien ist in diesem Text schon mehrfach zur Sprache gekommen. Aus diesem Grund findet hier nur noch eine kurze Zusammenfassung des Forschungsstandes statt. Studien (z.B. Rost 2009 - Abbildung 25) zeigen insgesamt einen vergleichsweise hohen sozioökonomischen Status vieler Familien mit hochbegabten Kindern.

Sozioökonomischer Statusindikator	IQ-Kategorie				
	< 76	79–90	91–110	111–125	> 125
Sozialhilfeempfängerin nach 1. Kind	55%	21%	12%	4%	1%
Hat ein uneheliches Kind (F)	32%	17%	8%	4%	2%
Dauer-Sozialhilfeempfängerin (Mütter)	31%	17%	8%	2%	—
Lebt in Armut	30%	16%	6%	3%	2%
1989 min. ein Monat arbeitslos (M)	12%	10%	7%	7%	2%
Hat keinen Schulabschluss	9%	55%	35%	0%	0%
F = Frauen; M = Männer					

Abbildung 25 - IQ und selektierte Sozioökonomische Statusindikatoren bei Weißen in den USA, nach IQ kategorisiert. Herrnstein u. Murray 1994 in Rost 2009, S. 188

Die überwiegende Mehrheit der Studien stuft dies aber als Selektionsbias ein, z.B. Benbow & Stanley (1980/81) und Tettenborn (1996). Es ist unwahrscheinlich, dass reiche Eltern intelligentere Kinder bekommen. Vielmehr gehen Rost und Albrecht (1985) von einem hohen Zusammenhang zwischen sozialer Schicht und der Wahrscheinlichkeit, im Schulsystem als hochbegabt erkannt zu werden, aus. Zusätzlich fanden Turkheimer et al. (2003) heraus, dass IQ Unterschiede bei Kindern aus höheren sozialen Schichten eher mit deren Erbanlagen korrespondieren, bei Kindern aus niedrigeren sozialen Schichten dagegen eher mit Umwelteinflüssen.

Die Betrachtung von Belastungsfaktoren sollte deswegen auf jeden Fall Aspekte zum sozioökonomischen Status der Familie enthalten.

Labeling-Effekte

Rost (1993) führt an, dass möglicherweise allein die Zuschreibung „Hochbegabung" schon zu Problemen führen kann – und nicht die Hochbegabung selbst. Besonders der Trend, jedes Problem im Zusammenhang mit einer Hochbegabung zu sehen z.B. BMBW Ratgeber: Begabte Kinder finden und fördern (1991), führt zu massiven Schwierigkeiten.

Nach Test und Diagnose folgt für Eltern oft ein „sehr emotionaler Moment", bei dem es nicht selten zur Tränen der Entlastung kommt, da endlich eine Erklärung für die Probleme der Vergangenheit mit dem Kind gefunden zu sein scheint. (Liehmann-Walther (2009). Es kommt verstärkt zu einem „positive labeling" (Cornell 1983) – Eltern weisen nach „Erkennung" der Hochbegabung mehr Stolz und Verbundenheit auf. Bei weiteren Kindern in der Familie wird dem hochbegabten Kind ein Sonderstatus zugebilligt.

Freeman (1979) fand Besonderheiten bzgl. des Einflussfaktors der Eltern auf das Peer-Erleben der Kinder. Er verglich eine Gruppe von Hochbegabten (IQ > 147), deren Eltern organisiert waren (/NAGC – National Association for Gifted Children), mit einer Gruppe Hochbegabten (IQ > 134), deren Eltern nicht organisiert waren. Zusätzlich gab es noch eine zufällig zusammengestellte Kontrollgruppe (IQ = 119 Schnitt).

Die organisierten Eltern gaben wesentlich häufiger an, ihre Kinder würden sich „anders" fühlen und hätten ältere Freunde. Auch der Prozentsatz der Kinder die keine Freunde hatten, war in dieser Gruppe höher. Auch die Lehrkräfte beurteilten die Gruppe schlechter in Bezug auf Fehlanpassungen in der Peer-gruppe. Das Ergebnis ist aber unter Vorbehalt zu sehen, da sowohl Alter als auch IQ zwischen den Gruppen nur bedingt homogenisiert war. Der Vergleich ist trotzdem ein gutes Beispiel für Konfundierung von Ergebnis bei selektiven Hochbegabtenstichproben. Hochbegabung sollte keinesfalls zum dominierenden Thema innerhalb der Familie werden. Unterschiede zwischen Familien mit Hochbegabung und der Vergleichsgruppe werden hauptsächlich dann gefunden, wenn die Eltern ausdrücklich auf die Hochbegabung hingewiesen wurden, (z.B. Teilnahme an Förderprogram, Aufsuchen einer Beratungsstelle wegen Schwierigkeiten) (Tettenborn 1996).

Eltern hochbegabter Kinder werden oft angefeindet, weil sie ihr Kind (scheinbar) zu Hochleistung trainieren und ihnen die Kindheit rauben. Auch Liehmann-Walther geht auf die besonderen Belastungen durch eine (scheinbar) geringe Elternautorität ein und erklärt dies mit der hinterfragenden Herangehensweise vieler Hochbegabter. Auch gutgemeinte Ratgeberliteratur führt oft zu einseitigen Urteilen, dass die Probleme immer auf die Hochbegabung an sich zurückgeführt werden, während andere, auch intrafamiliäre Probleme, weitgehend undiskutiert bleiben.

Das Anderssein der Hochbegabten wird häufig auch auf deren Familien übertragen. Oft werden besondere Belastungen (Geschwisterrivalität, höhere Erwartungen, etc.) angenommen, andererseits wird auch von Außenstehenden ein besonders hohes Maß an familiärer Funktionalität erwartet (Tettenborn-Nebling 1993).

Komorbiditäten und Fehldiagnosen

Häufig finden sich Fehldiagnosen bei Hochbegabten als Ursache von Verhaltensauffälligkeiten (Webb 2015, S 51). Besonders ADHS oder die Asperger Störung werden besonders oft fälschlicherweise bei Hochbegabten diagnostiziert (Webb 2015, S38).

Hartnett et al. (2004) und Silverman (1998) sehen im Wesentlichen mangelnde Schulung der Diagnostiker im Bereich Hochbegabung als Ursache. Andererseits sieht man bei Hochbegabten tatsächlich eine Häufung von (richtigen) Diagnosen für Depression, oder Anorexie (Neihart 1999, Piirto 2004, Webb 1999, 2001), wobei Veränderungen der Umwelt in vielen Fällen die Störung verschwinden lässt, während der IQ unbeeinflusst bleibt.

Webb sieht vermehrt Schlafprobleme, Probleme mit Disziplin, Schwierigkeiten mit Gleichaltrigen und/oder Geschwistern,

Ungeduld, Intoleranz, Trotzverhalten, Hyperaktivität als häufigste Probleme bei Hochbegabten. (Webb 2015, S 41).

Das Risiko einer Fehldiagnose steigt signifikant an, wenn es Probleme im schulischen Umfeld gibt und/oder die Familie wenig Verständnis für besondere Bedürfnisse aufbringt. Beides führt zu massiven Stress für Kind und Eltern. (Rogers 2002, Webb et al. 2007, Winner 1996).

Auch ein sehr hoher IQ (>140) wird – besonders bei Jungen – als Ursache einer de facto Lernbehinderung gewertet (Shaywitz et al. 2001). Diese Sichtweise wird von Freeman (1979) und Janos (1983) jedoch scharf kritisiert. Sie sehen methodische Mängel bei Shaywitz et al. (2001) und konnten keine besondere Vulnerabilität feststellen.

Besonders schwierig ist die Beurteilung, weil hochbegabte Kinder oft mehrfach Besonderheiten aufweisen. Lovecky (2004) spricht dabei von „twice exceptional". Auch Mandell et al. (2005) sieht eine besondere Gefahr in ADHS und Asperger Diagnosen bei Hochbegabten. Eine Auswertung (Mandell et al. 2005) ergab eine Steigerungsrate von 381% in 11 Jahren – die mit einem tatsächlichen Auftreten der Störungen kaum zu erklären ist. Bei Hochbegabten aus vorselektierten Versuchsgruppen finden sich häufig Symptome wie Unaufmerksamkeit, Ruhelosigkeit, Impulsivität, Ungehorsam, die dann schlechte Schulleistungen und/oder soziale Schwierigkeiten auslösen (Webb et al., 2005).

ADHS

Besonders Vertreter der Disharmoniehypothese sehen in ADHS die häufigste Fehldiagnose bei Hochbegabten. Webb (2015, S 74) führt dafür das Ungleichgewicht kognitiver und emotionaler Reife an, dass zu ADHS-typischen Verhalten führt. Auch Harnett et al. (2004) sieht bei Hochbegabten „von Natur aus" viele Verhaltensweisen, die sonst typisch für ADHS sind. Möglicherweise werden aus diesem Grund viele Hochbegabte - zu unrecht – mit einer ADHS Störung in Verbindung gebracht (Baum und Olenchak 2002, Cramond 1995, Lawler 2000, Silverman 1998).

Asperger

Beim Asperger Syndrom nach DSM-V sieht man typischerweise Beeinträchtigungen der sozialen Interaktion und Kommunikation, stereotype, repetitive Verhalts- u. Interessenmuster sowie Empfindlichkeit gegenüber Veränderungen. Diese Faktoren weisen für Webb et al. (2005) große Überscheidungen zu typischen Verhaltensweisen Hochbegabter auf. Weiterhin sieht er ein überdurchschnittliches Gedächtnis für Fakten und Ereignisse, flüssige u. frühreife Sprache, dauerndes Reden u. Fragestellen, hohes Gerechtigkeitsgefühl auch als Verhaltensmuster an, die häufig fehlgedeutet werden (Webb et al. 2005).

Motorische Defizite

Häufig wird auch von motorischen Schwierigkeiten, besonders bei jungen Hochbegabten, berichtet (Webb et al. (2005). Empirische Studien gibt es in diesem Kontext fast nicht. Es stellt sich allerdings die Frage, ob motorische Defizite tatsächlich in einem Zusammenhang mit einer Hochbegabung stehen. Ahnert et al. (2008) sieht motorische Auffälligkeiten oder Bewegungsmangelerkrankungen bei Kindern u. Jugendlichen seit mehreren Jahrzehnten drastisch ansteigen (siehe auch Studien von Bös 2003, Dordel 2000). Rund 50% der Heranwachsenden in Europa unterschreiten die Mindest-Richtwerte für körperliche Aktivität (eine Stunde kumulierte Bewegung pro Tag - Brettschneider & Naul 2007).

Jüngere Studien zeigen, dass offenbar weniger der IQ sondern die Sportlichkeit der Eltern von entscheidender Bedeutung (Ahnert et al. 2008, 36) - Abbildung 26 -ist.

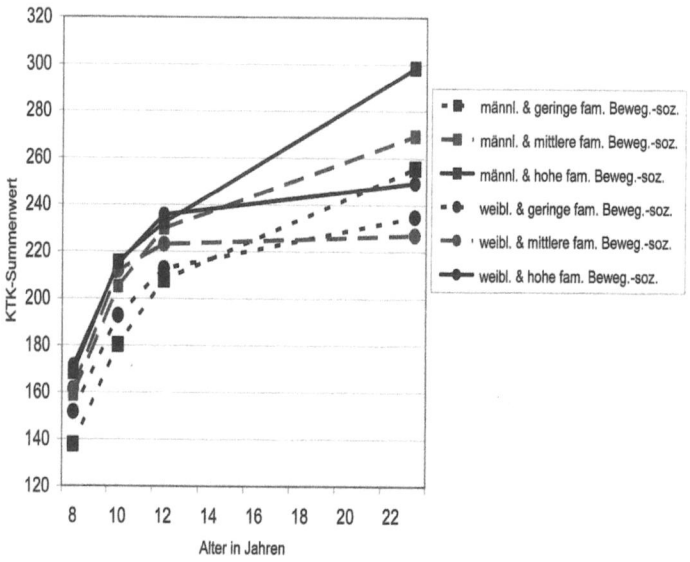

Abbildung 26 - Leistungsentwicklung im KTK (Körper Koordinations Test) in Abhängigkeit von der Ausprägung der familiären Bewegungssozialisation in der Kindheit und dem Geschlecht. Ahnert et al. 2008, S 37

Hochsensibilität / Overexcitability

Gerade in jüngster Zeit ist in Veröffentlichungen auch verstärkt von Hochsensibilität bzw. Overexcitability die Rede (z.B. Webb 2015, S. 54 oder Aron u. Aron 1997). Unglücklicherweise liegen zu diesem Thema bisher keine systematischen Untersuchungen vor (Preckel u. Baudson 2013).

Webb (205, S. 54) beschreibt Hochsensibilität mit Hilfe der Intensität, mit der Hochbegabte (scheinbar) agieren: „... (das) Kind lebt nach dem Motto: Alles was sich zu tun lohnt, ist es wert, dass man es bis zum Exzess betreibt.". Er sieht Hochbegabte als exzessive Persönlichkeiten und steht damit diametral im Widerspruch zur Einschätzung von Rost (2009). Arnold (2011) stellt fest, das Overexcitability nicht automatisch soziale u. psychische Schwierigkeiten bedeutet.

Es kann auch hilfreich bei der Gestaltung von intensiven, hochfunktionellen sozialen Beziehungen sein (Wittmann, 2003, S. 28). Dazu passt die „Theorie der positiven Desintegration" von Dabrowski (1964). Angst, Stress, etc. sind Zeichen, dass eine Person dabei ist, sich weiterzuentwickeln (Idealselbst).

Er sieht ein hohes Entwicklungspotential, das gekennzeichnet ist durch:

- Hohen IQ
- Besondere Sensibilitäten
- Streben nach Wachstum und Autonomie

In seiner These zeichnen sich Hochbegabte durch besondere Sensibilität in diesen Bereichen besonders aus:

- Intellektuelle Übererregbarkeit
- Emotionale Übererregbarkeit
- Imaginationale Übererregbarkeit
- Psychomotorische Übererregbarkeit
- Sensorische Übererregbarkeit

Andere Studien kommen hier zu eher uneinheitlichen Befunden, insbesondere durch die Ähnlichkeiten zwischen Hochbegabten und Hochleistern (siehe z.B. Wirthwein u. Rost 2011).

Ansätze zur Entlastung von Familien mit hochbegabten Kindern

KLIKK Training

Als Hilfsangebot für Eltern hochbegabter Kinder wurde das KLIKK-Elterntraining (Kommunikations- und Lösungsstrategien für die Interaktion mit klugen Kindern – Arnold 2011) entwickelt. Die Erziehungs- und Unterrichtskonzepte sind speziell auf Hochbegabte ausgerichtet. Es wurde auch ausdrücklich untersucht, „inwiefern sich hochbegabte Kinder auch in nicht kognitiven Persönlichkeitsbereichen von der durchschnittlich begabten Altersgruppe unterscheiden" (Beratungs-psychologische Beratungsstelle der LMU München).

Basierend auf den Erkenntnissen von Elbing (2000, S. 24-25) wurde im KLIKK Training besonders auf folgende elterliche Fragestellungen eingegangen:

- Hilfestellung beim Umgang mit den Forderungen des hochbegabten Kindes
- Hilfestellung beim Umgang mit Perfektionismus und Hartnäckigkeit des hochbegabten Kindes
- Der Unsicherheit, auf die Erziehung nicht adäquat vorbereitet zu sein
- Hilfestellung bei der Weiterentwicklung sozialer Kompetenzen der Kinder (auch innerhalb der Familie)
- Weiterentwicklung der Selbststeuerung und Möglichkeiten der Beeinflussung des Verhaltens der Kinder
- Umgang mit der Andersartigkeit des hochbegabten Kindes

Dies weist auf spezielle Bedürfnisse hin (wg. Hochbegabung). Auch Huppmann (2009, S.253) sieht besondere Bedürfnisse bei der Kommunikation zwischen Eltern und hochbegabten Kindern hin und empfiehlt Gordons Modell (wie z.B. im Buch Familienkonfernenz (1989) beschrieben) als Hilfsmittel. Offenbar münden Belastungsfaktoren u.a. in einen

Beratungsbedarf („Diskrepanz zwischen Soll und Ist" - Bamberger 2001, S.15), da das Training häufig gebucht wird.

Mentoring

Mentoringkonzepte haben sich in den letzten Jahren als besonders hilfreich bei der Förderung von Hochbegabten erwiesen. DuBois et al. (2011) fanden in ihrer Metastudie aus 73 Einzelstudien eines Mentoringprogramm in den USA heraus, dass Mentoring sowohl fördernd als auch präventiv wirkt. Mentoring wird dabei als wichtige Förderoption bewertet. Mentoren sind „Katalysatoren im Sinne Gagnés" (Preckel u. Baudson 2013, S. 94). Ein Mentor kann dabei unterschiedliche Rollen (Ratgeber, Freund, Vorbild, etc.) einnehmen (Clasen & Clasen 2003).

Rhodes (2002) beschreibt folgende Effekte des Mentorings als besonders wichtig:

- Verbesserung der kognitiven Fähigkeiten (stimulierende Umgebung/Gespräche, auch außerhalb eines schulischen Kontextes)

- Verbesserung der sozialen Fähigkeiten und des emotionalen Wohlbefindens. Mentor akzeptiert das „anders" sein und nimmt es als etwas positives wahr. Die Passung ist jedoch entscheidend.

- Vorbild u. Fürsprecherfunktion -> Lernen am Modell / Ähnlichkeiten zwischen Mentor und Schützling sind hilfreich, damit eigene Erfahrungen eingebracht werden können.

Er empfiehlt Mentoring besonders für Mädchen oder delinquente Jungen.

Hypothesenbildung der Studie

Wie bereits im Text aufgezeigt, ist die Forschungslage zum Thema „Ist Hochbegabung eine Belastung für Familien?" uneinheitlich. Insbesondere ist die Frage, welche Faktoren, die mit einer Hochbegabung in Verbindung stehen, als Belastung anzusehen sind und in welchem Kontext dies der Fall ist, offen. Diese Studie versucht deshalb auf der Basis der vorangegangen Analyse mit einer eigenen Erhebung im Hinblick auf ausgewählte Faktoren belastbare Ergebnisse zu ermitteln.

Für die Untersuchungen wurden folgende Parameter ausgewählt:

- Abgeschlossene Berufsausbildung der Mutter
- Schulabschuss der Mutter
- Alter des Kindes
- Familieneinkommen
- Hochbegabung der Eltern
- Belastung durch Hausaufgaben
- Häufige Termine mit Lehrern wg. Schulproblemen
- Wird das Kind gemobbt
- Ist das Kind Mitglied in einem Sportverein oder spielt es ein Instrument
- Trifft das Kind andere hochbegabte Kinder

- Gibt es Schuldgefühle der Eltern in Bezug auf weitere, nicht hochbegabte Kinder
- Gibt es häufig Streit mit dem Kind oder dem Partner in der Familie

Kriterien für die Auswahl waren einerseits Erkenntnisse aus der Auswertung der Forschungslage sowie der Wunsch, Faktoren aus verschiedenen Domänen, z.B. Bildungsstand, sozioökonomische Situation, Schule, Peer-Group und Familiendynamik, zu berücksichtigen.

METHODE

Dieses Kapitel beschreibt die Gestaltung der Fragebögen zur Datensammlung sowie die Art der Datenerhebung. Da im Kapitel „Theoretischer Hintergrund" bereits die Rede vom hohen Einfluss der Probandenauswahl auf das Ergebnis war, wird auch auf die Zusammensetzung der Stichprobe besonders eingegangen.

Art der Untersuchung

Es handelt sich um eine Querschnittsbefragung einer zufälligen Stichprobe aus einer vorselektierten Population (MENSA[4]

---

[4] MENSA – Verein mit dem Ziel, hochbegabte Menschen in Kontakt zu bringen und die Erforschung der menschlichen Intelligenz

Mitglieder) die in Form einer Online Umfrage durchgeführt wurde. Die Daten wurden mit Hilfe eines Online Formulars erhoben. Die Befragung erfolgte vollständig anonym. Auf diese Weise sollten angepasste und sozial erwünschte Antworten möglichst vermieden werden. Alle Teilnehmer wurden über den Zweck der Befragung, Datenschutzbelange, Ansprechpartner sowie über mögliches zurücktreten von der Teilnahme informiert. Die Teilnehmer erhielten keine Vergütung, konnten sich jedoch in einen Newsletter eintragen, um später die Ergebnisse der Gesamtstudie zu erhalten.

Der Fragebogen bestand aus 3 Teilen:

- Biografische Daten
- EBI -Eltern-Belastungs-Inventar (Deutsche Version des Parenting Stress Index (PSI) von R.R. Abidin) aus dem Hogrefe Verlag (Göttingen)
- Eigene Fragen zu möglichen Be- bzw. Entlastungsfaktoren in Familien, basierend auf der Literaturrecherche

Zusätzlich wurde auf der Basis einer Facebook-Umfrage ein Kontrolldatensatz aus einer zufälligen Population erhoben. Diese Umfrage erhielt jedoch nur die Fragen des EBI und diente in erster Linie zur Erprobung des Ablaufs und der Überprüfung der

---

zu fördern. Aufnahmekriterium ist das Erreichen eines IQ von mindestens 130 in einem zugelassenen formellen IQ-Test.

programmtechnischen Umsetzung zur Auswertung des EBI-Bogens. Weiterhin konnten diese Daten Hinweise auf die Gültigkeit der Normung des EBI liefern sowie ggf. als Vergleichsgruppe dienen. Dieser Datensatz wird im folgenden „Kontrollgruppe" genannt. Der Datensatz mit der Stichprobe aus den Familien mit hochbegabten Kindern wird im folgenden Hauptdatengruppe bzw. Hauptgruppe genannt.

Stichprobenauswahl

Die Datenerhebung fand im Zeitraum vom 17.05.2018 – 31.05.2018 statt. In diesem Zeitraum wurden 74 Datensätze erfasst. Da das Ziel von mindestens 50 Datensätzen deutlich überschritten war, wurde ein strenge Validierung der Datensätze vorgenommen. Da die Normung des EBI zwar auch eine Auswertung von Daten, die durch Väter erfasst wurden, zulässt, aber keine spezielle Normtabelle für Väter (insbesondere bei alleinerziehenden Vätern) zur Verfügung steht, wurden aus Gründen der Qualität nur die Datensätze der Mütter berücksichtigt. Zusätzlich wurden unvollständige oder offensichtlich falsche Datensätze (z.B. Alter des Kindes „99 Jahre") gelöscht. Weiterhin wurden alle Datensätze entfernt, bei denen für das Kind kein formeller IQ-Test und/oder ein Ergebnis von min. IQ=130 angegeben wurde. Am Ende des Prozesses standen 58 (n=58) gültige Datensätze zur Verfügung. Alle Teilnehmer hatten die deutsche Staatsbürgerschaft.

Die Einladung der Teilnehmer erfolgte über einen internen Mail-Verteiler (für Interessenten an der Teilnahme an wissenschaftlichen Studien) von MENSA Deutschland mit Hilfe eines Internetlinks auf einen privaten und geschützten Server. Das Formular erlaubte auch eine Eingabe der Informationen von einem mobilen Gerät (Smartphone oder Tablet).

Die Befragung der Kontrollgruppe (zufällig ausgewählte Eltern ohne besondere Kenntnis einer Hochbegabung eines Kindes im Familienverbund) erfolgte über ein am Computer ausfüllbares PDF-Formular. Es erfolgte eine Aufruf zur Teilnahme via Facebook in Elterngruppen. Interessierte erhielten das PDF per eMail. Aus Gründen der Vergleichbarkeit wurden auch nur die von Müttern ausgefüllten Datensätze verwendet. Insgesamt konnten 31 (n=31) vollständige Datensätze erhoben werden.

Struktur der Stichprobe

Die beiden Datensätze sind von der Altersstruktur der Teilnehmer vergleichbar. In der Kontrollgruppe (n=31) beträgt das mittlere Alter 38,39 Jahre (min=28, max=56, SD=6,1), in der Hauptgruppe (n=58) ist das mittlere Alter 43,81 Jahre (min=31, max=56, SD=5,4).

In der Hauptdatengruppe (HB[5]-Familien) befinden sich 42 Familien (72,4%), die nach dem EBI-Test den Schwellenwert zur Überlastung überschritten haben (siehe Tabelle 1). Besonders zu bemerken ist hierbei, dass 21 Familien (36 %) einen EBI-Gesamtscore von >70 erreichen, bei dem die Normtabelle

---

[5] HB = Hochbegabung, bzw. Familie mit einem hochbegabten Kind.

endet, sich also in einem extrem hohen Belastungsbereich befinden.

Überlastet (Nach EBI-Score > 60)

		Häufigkeit	%	Gültige %	Kumulierte Prozente
Gültig	Ja	42	72,4	72,4	72,4
	Nein	16	27,6	27,6	100,0
	Gesamt	58	100,0	100,0	

Tabelle 1- Anteil der überlasteten Familien nach EBI-Score in der Gruppe der HB-Familien

Dagegen waren in der Kontrollgruppe nur 48,4% überlastet (siehe Tabelle 2).

Überlastet

		Häufigkeit	Prozent	Gültige Prozente	Kumulierte Prozente
Gültig	Ja	15	48,4	48,4	48,4
	Nein	16	51,6	51,6	100,0
	Gesamt	31	100,0	100,0	

Tabelle 2 - Anteil der überlasteten Familien in der Kontrollgruppe

Da sich die folgenden Auswertungen auf die Hauptdatengruppe (Familien mit mindestens einem hochbegabten Kind) beziehen, soll hier die Struktur der Stichprobe noch detaillierter beschreiben werden.

Die Stichprobe enthält Familien mit 1 – 4 Kindern, wobei die größte Gruppe (siehe Tabelle 3 & Abbildung 27) Familien mit 2 Kindern sind (46,6%), gefolgt von Familien mit Einzelkindern (29,3%).

118

Anzahl_Kinder

		Häufigkeit	Prozent	Gültige Prozente	Kumulierte Prozente
Gültig	1	17	29,3	29,3	29,3
	2	27	46,6	46,6	75,9
	3	11	19,0	19,0	94,8
	4	3	5,2	5,2	100,0
	Gesamt	58	100,0	100,0	

Tabelle 3 - Kinderzahl und Häufigkeit in der Hauptgruppe

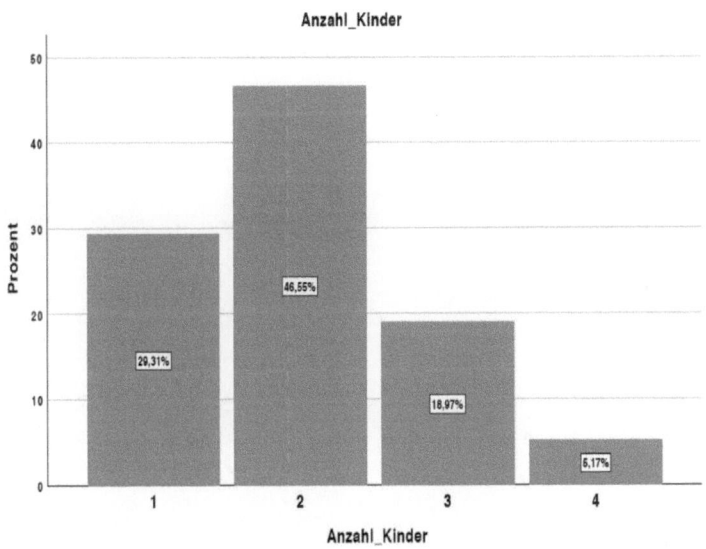

Abbildung 27 - Häufigkeiten für die Variable "Anzahl_Kinder"

Der Anteil der Alleinerziehenden ohne feste Partnerschaft lag bei 12,1% (Tabelle 4 und Abbildung 28).

Alleinerziehend

		Häufigkeit	Prozent	Gültige Prozente	Kumulierte Prozente
Gültig	Ja	7	12,1	12,1	12,1
	Nein	51	87,9	87,9	100,0
	Gesamt	58	100,0	100,0	

Tabelle 4 - Anteil Alleinerziehender ohne feste Partnerschaft in der

Hauptgruppe

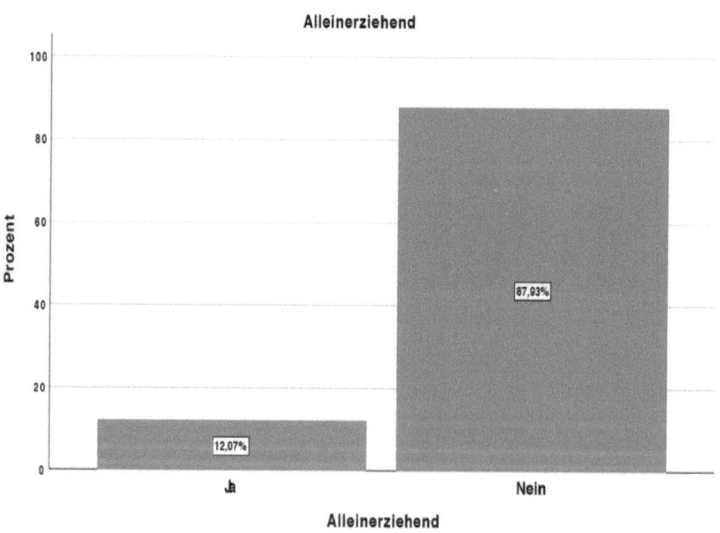

Abbildung 28 - Häufigkeiten für die Variable "Alleinerziehend"

Bei den sozioökonomischen Parametern wie das Familieneinkommen (Brutto / Monat) - Tabelle 5 & Abbildung 29 - oder der Wohnsituation - Tabelle 6 & Abbildung 30- zeigte sich eine Häufung zugunsten wohlhabender Familien. So hatten 41,1% der Familien ein Familieneinkommen von mehr als 6.000€ im Monat zur Verfügung und mehr als 70% lebten in einem eigenen Haus.

Familieneinkommen

		Häufigkeit	Prozent	Kumulierte Prozente
Gültig	keine Angabe	6	10,3	10,3
	<2.500€ / Monat	2	3,4	13,8
	< 4.500€ /Monat	11	19,0	32,8
	< 6.000€ / Monat	15	25,9	58,6
	> 6.000€ / Monat	24	41,4	100,0
	Gesamt	58	100,0	

Tabelle 5 - Sozioökonomischer Faktor "Familieneinkommen" in der Hauptgruppe

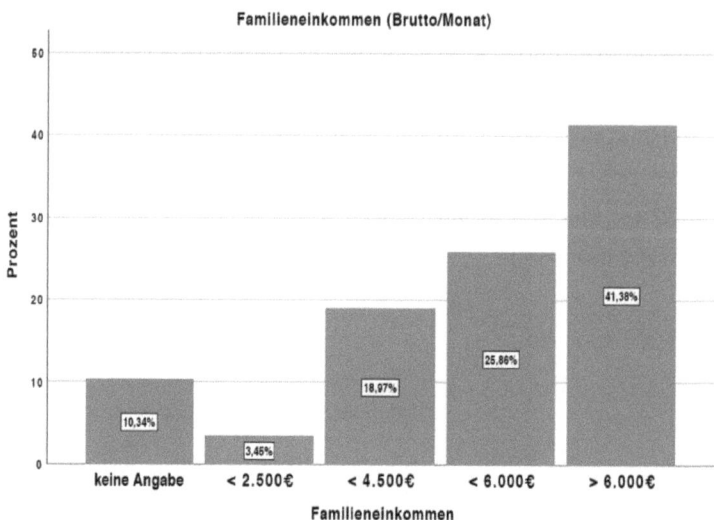

Abbildung 29 - Häufigkeiten für die Variable "Familieneinkommen"

Wohnsituation

		Häufigkeit	Prozent	Kumulierte Prozente
Gültig	keine Angabe	1	1,7	1,7
	Wohnung zur Miete	9	15,5	17,2
	Haus zur Miete	4	6,9	24,1
	Eigentumswohnung	3	5,2	29,3
	Eigenes Haus	41	70,7	100,0
	Gesamt	58	100,0	100,0

Tabelle 6 - Sozioökonomischer Faktor "Wohnsituation" in der Hauptgruppe

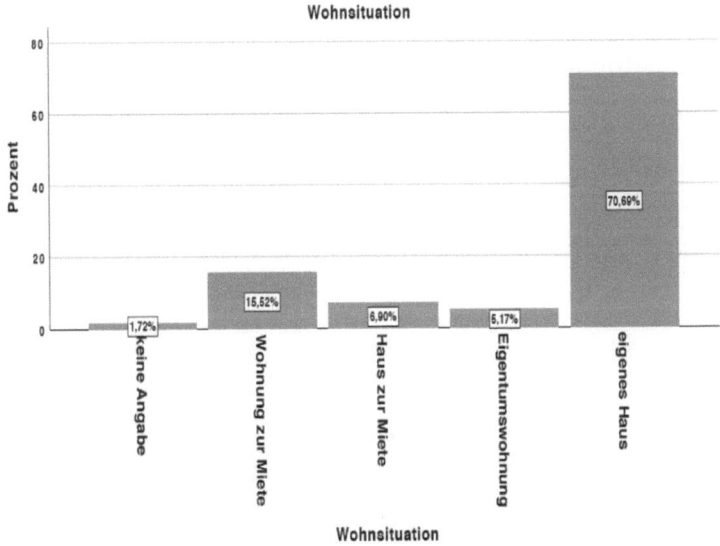

Abbildung 30 - Häufigkeiten für die Variable "Wohnsituation"

Die Eltern der Stichprobe sind überwiegend berufstätig (siehe Tabelle 7 und Tabelle 8 sowie Abbildung 31 und Abbildung 32). Die Hälfte der Mütter sind entweder in Vollzeit oder einer ¾ Stelle tätig. Der andere Elternteil ist sogar in 79,3% aller Fälle in Vollzeit berufstätig.

Beschaeftigungssituation_Ausfueller

Beschaeftigungssituation_Ausfueller		Häufigkeit	%
Gültig	keine Angabe	3	5,2
	Arbeitslos	2	3,4
	Erziehungsurlaub	4	6,9
	Rente	1	1,7
	20Std./Woche	7	12,1
	3/4 Stelle	12	20,7
	Vollzeit	17	29,3
	Sonstiges	12	20,7
	Gesamt	58	100,0

Tabelle 7 - Beschäftigungssituation der Mutter

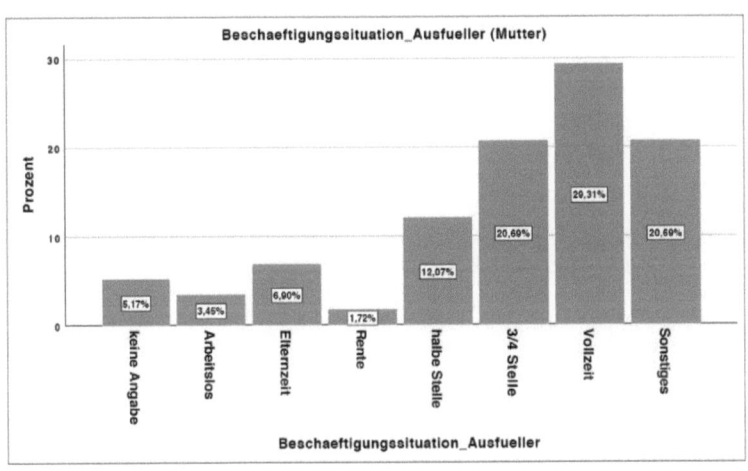

Abbildung 31 - Häufigkeiten für die Variable
"Beschaeftigungssituation_Ausfueller", (entspricht der Mutter)

Beschaeftigungssituation_anderer_Elternteil

		Häufigkeit	Prozent
Gültig	Arbeitslos	1	1,7
	20 Std. / Woche	4	6,9
	3/4 Stelle	3	5,2
	Vollzeit	46	79,3
	Sonstiges	4	6,9
	Gesamt	58	100,0

Tabelle 8 - Beschäftigungssituation des anderen Elternteils

125

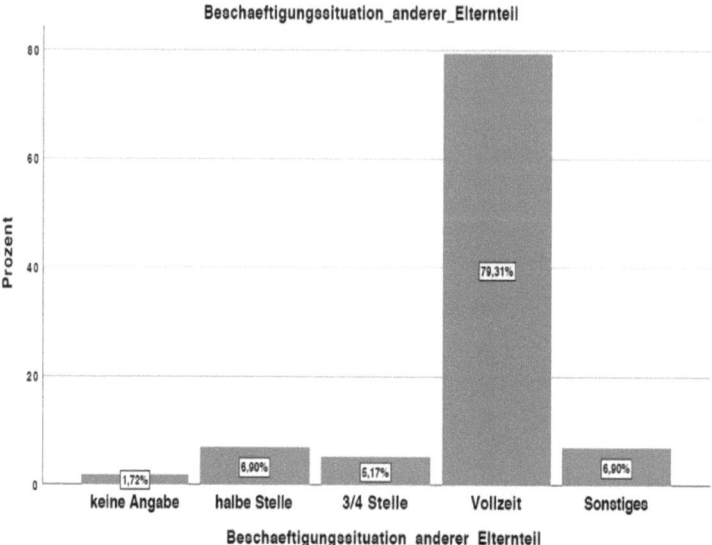

Abbildung 32 - Häufigkeiten für die Variable
"Beschaeftigungssituation_anderer_Elternteil"

Der Bildungsstand der Stichprobe ist ausgesprochen hoch.
Sowohl Mutter als auch der andere Elternteil verfügen in der
Mehrzahl der Fälle über eine abgeschlossene Berufsausbildung
(Tabelle 9 und Tabelle 10). Beide Elternteile verfügen im
Durchschnitt in mehr als 80% der Fälle über eine
abgeschlossene Berufsausbildung.

Abgeschlossene_Berufsausbildung_Ausfueller

		Häufigkeit	Prozent	Gültige Prozente	Kumulierte Prozente
Gültig	Ja	47	81,0	81,0	81,0
	Nein	11	19,0	19,0	100,0
	Gesamt	58	100,0	100,0	

Tabelle 9 - Berufsausbildung der Mütter in der Hauptgruppe

Abgeschlossene_Berufsausbildung_anderer_Elternteil

		Häufigkeit	Prozent	Gültige Prozente	Kumulierte Prozente
Gültig	Nein	9	15,5	15,5	15,5
	Ja	49	84,5	84,5	100,0
	Gesamt	58	100,0	100,0	

Tabelle 10 - Berufsausbildung des anderen Elternteils in der Hauptgruppe

Auch die erreichten Schulabschlüsse der Eltern sind hoch. So verfügen bei den Müttern 62,1% über ein abgeschlossenes Studium und 10,3% haben zusätzlich noch promoviert (Tabelle 11 und Abbildung 33).

Schulabschluss_Ausfueller

		Häufigkeit	Prozent
Gültig	Hauptschule	1	1,7
	mittlere Reife	5	8,6
	(Fach)Abitur	10	17,2
	Studium	36	62,1
	Promotion	6	10,3
	Gesamt	58	100,0

Tabelle 11 - Bildungsabschlüsse der Mütter in der Hauptgruppe

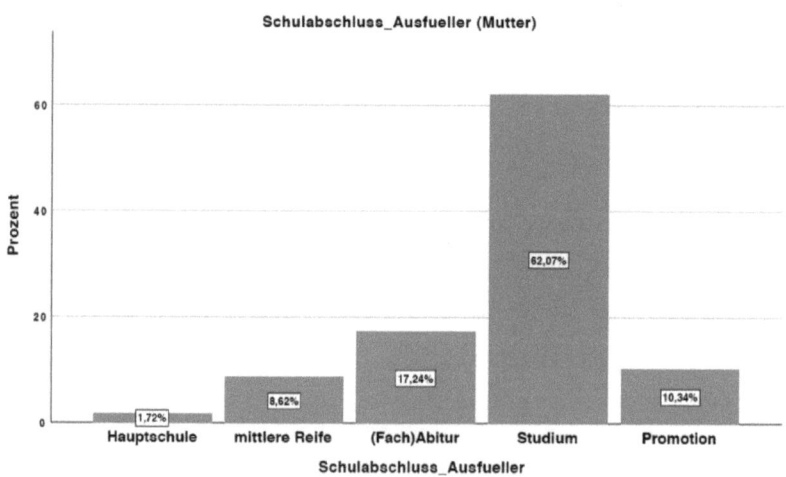

Abbildung 33 - Häufigkeiten für die Variable "Schulabschluss_Ausfueller",
(entspricht der Mutter)

128

Das gleiche Bild zeigt sich auch beim anderen Elternteil. Hier erreichten 56,9% den Abschluss eines Studiums und 10,3% promovierten noch zusätzlich (Tabelle 12 und Abbildung 34).

Schulabschluss_anderer_Elternteil

		Häufigkeit	Prozent
Gültig	keine Angabe	1	1,7
	mittlere Reife	8	13,8
	(Fach)Abitur	10	17,2
	Studium	33	56,9
	Promotion	6	10,3
	Gesamt	58	100,0

Tabelle 12 - Bildungsabschlüsse des anderen Elternteils der Hauptgruppe

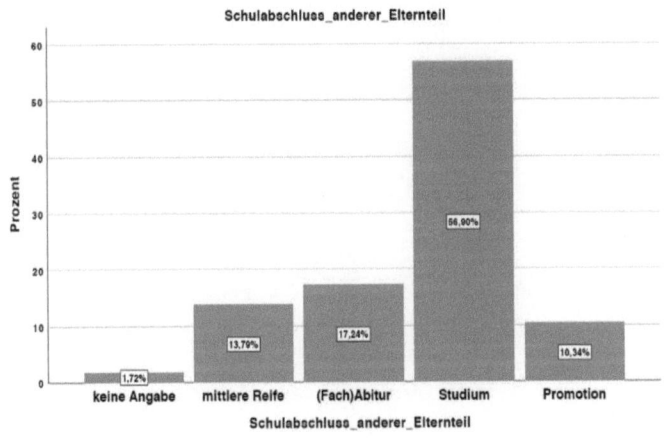

Abbildung 34 - Häufigkeiten für die Variable
"Schulabschluss_anderer_Elternteil"

Aufgrund der Auswahl der Stichprobe aus Mitglieder von MENSA ist das verstärkte Auftreten von Hochbegabung in den Familien der Hauptgruppe nicht verwunderlich. So finden sich bei 46,6% der Familien in der Hauptgruppe weitere hochbegabte Kinder (Tabelle 13 und Abbildung 35) und in 65,5% der Familien hochbegabte Elternteile (Tabelle 14 u. Abbildung 36).

weitere_HB_Kinder

		Häufigkeit	Prozent	Gültige Prozente	Kumulierte Prozente
Gültig	weiß nicht	8	13,8	13,8	13,8
	Ja	27	46,6	46,6	60,3
	Nein	23	39,7	39,7	100,0
	Gesamt	58	100,0	100,0	

Tabelle 13 - Häufigkeit von weiteren hochbegabten Kindern im Haushalt

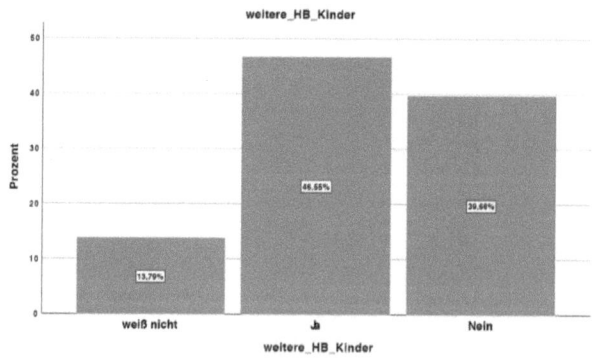

Abbildung 35 - Häufigkeiten für die Variable "weitere_HB_Kinder"

weitere_HB_Erwachsene

		Häufigkeit	Prozent	Gültige Prozente	Kumulierte Prozente
Gültig	weiß nicht	14	24,1	24,1	24,1
	Ja	38	65,5	65,5	89,7
	Nein	6	10,3	10,3	100,0
	Gesamt	58	100,0	100,0	

Tabelle 14 - Häufigkeit von weiteren hochbegabten Erwachsenen im Haushalt

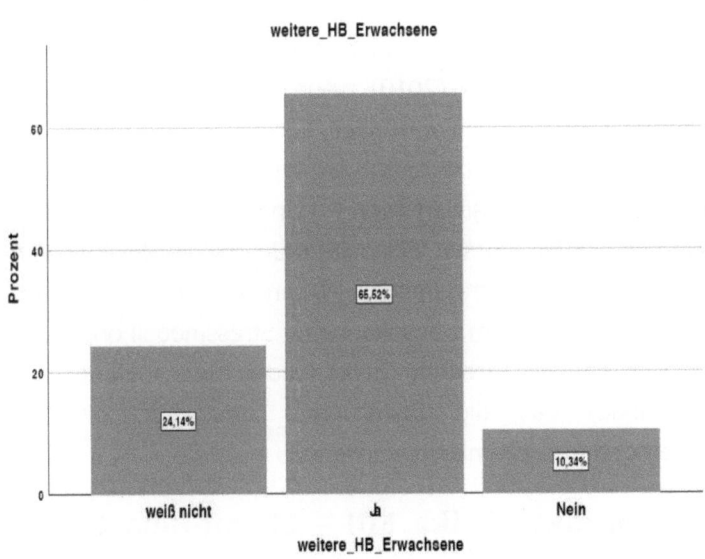

Abbildung 36 - Häufigkeiten für die Variable "weitere_HB_Erwachsene"

Ermittlung der Familienbelastung

Für die Untersuchung war es notwendig, ein Instrument einzusetzen, das einen Vergleich sowohl innerhalb einer Gruppe, als auch im Vergleich zu Familien mit normalbegabten Kindern liefern kann. Spezielle Belastungstests für Familien mit Hochbegabung sind nicht verfügbar. Der Test sollte für eine Online-Befragung geeignet sein und über eine entsprechende Normung verfügen. Im deutschsprachigen Raum stehen dazu u.a. 2 verbreitete Tests zur Verfügung. Es handelt sich um das EBI (Elternbelastungs-Inventar) (2011) sowie den ESF (Elternstressfragebogen) (2010), beide über den Hogrefe-Verlag als kommerzielle Version verfügbar. Für das Projekt wurde das EBI ausgewählt. Der Hauptgrund lag im besseren Handling, da beim ESF 2 Fragebogenvarianten – je nach Alter des Kindes – eingesetzt werden müssen. Ein weitere Unterschied liegt im dem zugrundeliegenden Stressmodell. Während der ESF sich im Wesentlichen an einem transaktionalen Stressmodell orientiert, liegt beim EBI das Parenting Stress Modell nach Abidin (1983) zu Grunde, das die Belastungen deutlicher zwischen kindbezogen und elternbezogen trennt.

Testcharakteristika EBI – Eltern-Belastungs-Inventar

Der Test basiert auf dem bereits 1983 von Abidin entwickeltem Konzept des Parenting Stress Index. Der PSI ist ein in den USA häufig eingesetztes Verfahren, zur Messung der elterlichen Belastung, sowohl in der klinischen Diagnostik als auch im therapeutischen Umfeld. Ziel ist es, sowohl inter- als auch intraindividuelle Unterscheide bei der elterlichen Belastung zuverlässig und valide zu messen. Besonderer Wert wurde auf die Ökonomie des Verfahrens gelegt, um den Test sowohl als Screening-Instrument als auch zur Individualdiagnostik einsetzen zu können. Der PSI wurde in der Originalversion mit einer Stichprobe von 2.633 Müttern normiert.

Er liegt zur Zeit in der dritten Auflage vor und wurde in mehrere Sprachen übersetzt und adaptiert.

Eine Adaption an den deutschen Kulturkreis steht mit der Version von Tröster (2011) im Hogrefe-Verlag zur Verfügung. Die Stichprobe zur Normierung bestand aus 538 Müttern im Alter von 20 bis 53 Jahren (n=538, M = 34.9, SD=5.5 Jahre). Da die die Belastung sowohl in Kind- als auch im Elternbereich nicht vom Alter des Kindes abhängig war, wurden keine separaten Normen für verschiedene Altersgruppen erstellt. Für den Eltern- und Kindbereich wurden entsprechend T-Normen berechnet. Da die Rohwerte der Gesamt- und Teilskalen keine Normalverteilung aufwiesen, wurde eine Flächentransformation nach McCall (Lienert & Raatz (1998, S. 293ff.)) durchgeführt. Für Alleinerziehende wurde einen eigene Normtabelle entwickelt.

Der Test enthält 48 Items zu Belastungsaspekten, die auf einer 5-stufigen Likert-Skala beantwortet werden. Dabei werden die

Items auf 12 Subskalen zu jeweils 4 Items zugeordnet, die jeweils zwei Teilskalen (Eltern- u. Kindbereich) zugerechnet werden (Tabelle 15).

Elternbereich		
Subskala	Anzahl der Items	Inhalt
Bindung (BN)	4	Distanzierte Beziehung zum Kind, die in der Unsicherheit, sich in das Kind einzufühlen und seine Bedürfnisse zuverlässig einzuschätzen, zum Ausdruck kommt.

Soziale Isolation (SI)	4	Mangel an außerfamiliären sozialen Kontakten und Schwierigkeiten, soziale Kontakte außerhalb der Familie zu pflegen.
Elterliche Kompetenz (EK)	4	Besorgnis darüber, den Anforderungen in der Erziehung und Betreuung des Kindes nicht gewachsen zu sein.
Depression (DP)	4	Depressive Verstimmung,

		Schuldgefühle und Selbstzweifel im Hinblick auf die Erfüllung von Aufgaben als Mutter.
Gesundheit (GS)	4	Körperliche Beschwerden, physische und psychische Erschöpfung und Energieverlust.
Persönliche Einschränkung (PE)	4	Einschränkungen in der persönlichen Lebensführung und das Zurückstellen eigener

		Bedürfnisse zugunsten familiärer Pflichten in der Erziehung und Betreuung des Kindes.
Partnerbeziehung (PB)	4	Beeinträchtigung der Beziehung zum Partner durch die Anforderungen im Rahmen der Erziehung und Betreuung des Kindes.
Kindbereich		
Hyperaktivität/Ablenkbarkeit (HA)	4	Erhöhte Aktivität und

		Ablenkbarkeit des Kindes.
Stimmung (ST)	4	Launenhaftigke it, leichte Erregbarkeit und Unzufriedenhei t des Kindes.
Akzeptierbarkeit (AZ)	4	Enttäuschung der Eltern darüber, dass das Kind ihren Erwartungen und Ansprüchen nicht entspricht.
Anforderung (AN)	4	Erhöhte Anforderungen in der Erziehung, Betreuung und

		Versorgung des Kindes.
Anpassungsfähigkeit (AP)	4	Schwierigkeite n des Kindes, sein verhalten nach den Anforderungen im Alltag auszurichten.

Tabelle 15 - Subskalen des EBI, aus EBI-Testmanual, S19-20 (modifiziert).

Die Auswertung der Daten erfolgte nach den Vorgaben des Testmanuals. Ab einem Schwellenwert von 60 (Gesamtscore) wird eine Überlastung – im Vergleich zur Normgruppe – angenommen.

Gütekriterien des EBI

Basierend auf den Daten der Normstichprobe wird die interne Konsistenz (Cronbachs Alpha) im Testmanual aufgeführt (Tabelle 16). Die Gesamtskala (n=422) weist mit α = .95 eine hohe interne Konsistenz aus. Auch die Teilskalen mit α = .93 bzw. α = .91 liegen in einem ähnlichen Bereich.

Subskala	n	Anzahl der Items	α	Subskala	n	Anzahl der Items	α
Bindung	529	4	.61	Hyperaktivität /Ablenkbarkeit	534	4	.75
Soziale Isolation	526	4	.63	Stimmung	529	4	.70
Elterliche Kompetenz	527	4	.83	Akzeptierbarkeit	531	4	.70
Depression	525	4	.75	Anforderung	517	4	.68
Gesundheit	509	4	.75	Anpassungsfähigkeit	528	4	.77
Persönliche Einschränkung	502	4	.82	Kindbereich	503	20	.91
Partnerbeziehung	486	4	.80				
Elternbereich	436	28	.93				

Tabelle 16 - Interne Konsistenz des EBI (Cronbachs Alpha), aus EBI Testmanual S. 32, (modifiziert)

Daten zur Retestreliabilität wurden von Trilk (2001) vorgestellt. Die Retestreliabilität lag dabei bei r_{tt} = .87 (Elternbereich), r_{tt} = .87 (Kindbereich) sowie r_{tt} = .87 für die EBI-Gesamtskala. Die

140

Ergebnisse sprechen für eine hohe Wiederholungszuverlässigkeit des Eltern-Belastungs-Inventars.

Die Prüfung der Validität des EBI erfolgte in einer Reihe von Studien (Tabelle 17), allerdings wurden eine Reihe davon als Diplomarbeiten ausgeführt und stammen häufig aus Inanspruchnahmepopulationen von Kliniken und psychosozialen Versorgungseinrichtungen und sind deswegen nicht repräsentativ für die Gesamtpopulation.

Die große Bandbreite der untersuchten Szenarien erlaubt deshalb trotzdem – nach Aussage des Testautors (EBI-Manual, S. 33) – die Anwendung des Tests als diagnostisches Hilfsmittel bzw. für wissenschaftliche Untersuchungen.

Studie	Stichprobe	Alter / Geschlecht der Kinder	Chronische Krankheit / Behinderung[a]	Entwicklungsstatus[a]
Blitz (1998)	84 Mütter 23–49 Jahre	0;6–15;2 Jahre 51 Jungen / 41 Mädchen	keine	altersgemäß
Hinse (2001)	70 Mütter 31–61 Jahre	6–21 Jahre 36 Jungen / 34 Mädchen	Epilepsie (27) andere chronische Krankheit (15) keine chronische Krankheit (28)	Lernbehinderung (16) Geistige Behinderung (54)
Gosch (2001)	85 Mütter (keine Angaben)	10–16 Jahre 40 Jungen / 45 Mädchen	Williams-Beuren-Syndrom (25) Down-Syndrom (13) Nichtsyndromale Ätiologie (22)	geistig behindert (60) altersgemäß (25)
Krefting (2001) Frahm (2001)	102 Mütter 23–57 Jahre	0;7–17:7 Jahre 52 Jungen / 50 Mädchen	Epilepsie	altersgemäß (17) entwicklungsverzögert (15) lernbehindert (20) geistig behindert (41) keine Angaben (9)
Linderkamp (2002)	22 Mütter 27–55 Jahre	7;6–17;4 Jahre 21 Jungen / 1 Mädchen	Aufmerksamkeitsdefizit-/ Hyperaktivitätsstörung (ADHS)	altersgemäß
May (1999)	27 Mütter 27 Väter	6;4–13;1 Jahre 19 Jungen / 8 Mädchen	Psychische Störungen nach ICD-10	altersgemäß
Merg (1999) Rask (1999)	72 Mütter 20–58 Jahre	0;11–15;6 Jahre 42 Jungen / 30 Mädchen	Epilepsie	altersgemäß (36) mehrfachbehindert (36)
Trilk (2001)	64 Mütter 26–56 Jahre	7–20 Jahre 21 Jungen / 15 Mädchen	Ohne Behinderung (33) Down-Syndrom (5) Zerebrale Schädigung (6) Mehrfachbehinderung (2) Autismus (3) Sehbehinderung (2) Sprachbehinderung (3) Andere (9)	lernbehindert (10) geistig behindert (54)
Tröster (1999a, 2001)	47 Mütter 25–56 Jahre	0;8–7;3 Jahre 22 Jungen / 25 Mädchen	Sehbehinderung (27) Blindheit (21)	altersgemäß (19) mehrfachbehindert (28)
Tröster, Opfermann & Tuxhorn (2005)	82 Mütter 23–48 Jahre	0;6–18;8 Jahre 45 Jungen / 37 Mädchen	Epilepsie	altersgemäß (28) entwicklungsverzögert (8) lernbehindert (24) geistig behindert (17) keine Angaben (5)
Tröster, Bersch, Ruppert & Boenigk (2000)	86 Mütter 23–48 Jahre	1;8–12;11 Jahre 44 Jungen / 42 Mädchen	Epilepsie	altersgemäß (55) mehrfachbehindert (31)
Tröster & Aktas (2003)	45 Mütter 26–45 Jahre	0;5–6;10 Jahre 29 Jungen / 16 Mädchen	Neurodermitis	altersgemäß

Anmerkung: [a]Anzahl der Kinder in Klammern

Tabelle 17 - Übersicht über die Studien zur Validität des EBI - Testmanual, S. 35

Spezifischer Fragenkatalog „Hochbegabung"

Da das EBI nur allgemeine Belastungsfaktoren erfasst, wurde der Fragebogen noch um weitere Fragen, besonders in Bezug auf die Hochbegabung eines Kindes, erweitert. Aufgrund der im allgemeinen Teil dieser Studie dargelegten Forschungsstand sind eine Reihe spezifischer Einflussfaktoren auf die Familienbelastung zu erwarten (Abbildung 37), die sich durch verschiedene Subgruppen und Items abbilden lassen. Im Gegenzug musste bei der Gestaltung auch den steigenden Zeitbedarf beim Ausfüllen Rücksicht genommen werden.

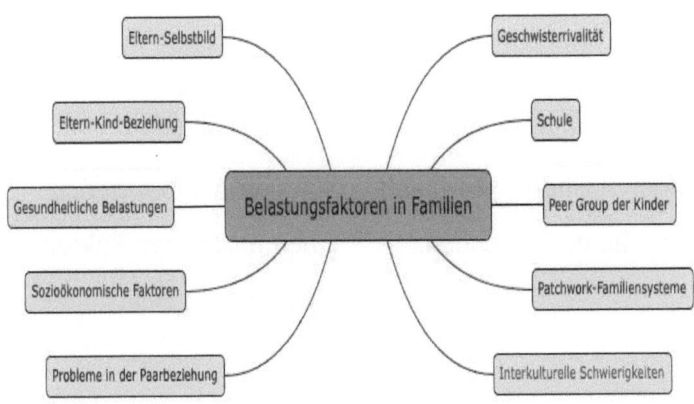

Abbildung 37 - Belastungsfaktoren in Familien, eigene Darstellung

Aus diesem Grund wurden nur Items aufgenommen, die nach eigener Recherche und Einschätzung das Potential für einen signifikanten Einfluss auf das Ergebnis erwarten lassen (Tabelle 18). Zusätzlich wurden auch noch erweiterte biografische Daten

– im Wesentlichen mit Fokus auf dem anderen Elternteil –
aufgenommen. Tabelle 18 zeigt den Zusammenhang zwischen
einer Auswahl betrachteter Studien und dem zusätzlichen Item.
Den größten Einfluss hatte dabei die Marburger Hochbegabten
Studie (Marburger Hochbegabtenprojekt – MHP) von Rost
(2009), die eine Vielzahl von Parametern erhoben hat. Es kann
für alle Items, zusätzlich zu den Quellen die in Tabelle 18
aufgeführt sind, das MHP als Quellenangabe angenommen
werden. Aus Gründen der Übersichtlichkeit wurden jeweils nur
die wichtigsten Studien aufgeführt, alle berücksichtigten Studien
sind jedoch in Kapitel „Theoretischer Hintergrund" oder im
Literaturverzeichnis aufgeführt.

Item	Beschreibung
Die Nationalität des anderen Elternteils - auch bei Alleinerziehenden.	Interkulturelle Schwierigkeiten stellen einen möglichen Faktor für familiäre Belastungen dar (Kovaltchouk (1998, S. 121).
Alter des anderen Elternteils - auch bei Alleinerziehenden.	Eltern hochbegabter Kinder häufig älter als der Durchschnitt. Ältere Eltern weisen häufig ruhigere

	Erziehungsstile auf. Rost (2009)
Schulabschluss des anderen Elternteils - auch bei Alleinerziehenden.	HB-Kinder werden überdurchschnittlich häufig in Elternhäusern
Hat der andere Elternteil eine abgeschlossene Berufsausbildung? Auch bei Alleinerziehenden.	mit hohem Bildungsstand diagnostiziert, jedoch widersprüchliche Aussagen in Bezug auf Auswirkungen im Familienkontext. Rost (2009)
Beschäftigungssituation des anderen Elternteils - auch bei Alleinerziehenden.	Erhöhter Stress im Familienbelastung durch hohe Arbeitsbelastung der Eltern als mögliche Konfliktquelle. (Rost 2009)
Wie viele Kinder leben insgesamt im Haushalt?	Je größer die Familie desto niedriger ist das kognitive

Wie alt ist das Kind, auf das sich die Antworten beziehen?	Entwicklungsniveau der Kinder -> mögliche Quelle familiärer Belastungen (Belmont u. Marolla 1973)
Welches Geschlecht hat das Kind, auf das sich die Antworten beziehen?	Unterschiedliche Effekte, je nach Geschlecht des hochbegabten Kindes. Damit Auswirkungen auf die Belastungsfaktoren innerhalb der Familie. Albert (1980).
Wie hoch ist Ihr Familieneinkommen? (Brutto im Monat, ohne Ausgaben, inkl. Kindesunterhalt falls vorhanden)	Studien zeigen einen vergleichsweise hohen sozio-ökonomischen Status vieler Familien mit hochbegabten Kindern (Benbow & Stanley, 1980/81; Tettenborn 1996). Gibt es auch einen Zusammenhang zwischen sozioökonomischem
Wie ist Ihre Wohnsituation?	

	Status und
	Familienbelastung im
	Hochbegabungskontext?
	IQ Unterscheide bei
	Kindern aus höheren
	sozialen Schichten
	korrespondieren eher mit
	deren Erbanlagen, bei
	Kindern aus niedrigeren
	sozialen Schichten eher
	mit Umwelteinflüssen
	(Turkheimer et al. 2003),
	Rost (1985)
Wie alt war das Kind beim IQ-Test?	Zusätzliche Angabe zur Validierung des IQ-Tests. (Eigener Beitrag)
Was war der Anlass für den IQ-Test des Kindes?	Auswertemöglichkeit zur Motivation des IQ-Tests: innerhalb der Familie oder

	Außerhalb, z.B. Schule. (Eigener Beitrag)
Wurden in Ihrem Haushalt noch andere Kinder auf Hochbegabung getestet?	Geschwisterkonflikte können die Familie belasten. Peterson (1977). Eifersucht, Wettstreben,
Gibt es in Ihrem Haushalt noch weitere hochbegabte Kinder?	Insensibilität und mangelnder Respekt zwischen hoch und normalbegabten Geschwistern können die Familie stark belasten. Papastefanou (2002)
Falls bei anderen Kindern das Testergebnis keine Hochbegabung belegt hat: Belastet Sie das Ergebnis?	Schuldgefühle von Eltern gegenüber nicht hochbegabten Kindern im Familienverbund sind häufig ein Stressfaktor. Papastefanou (2002)

Gibt es in Ihrem Haushalt hochbegabte (durch IQ-Test belegt) Erwachsene?	„Assortative mating", d.h.es wird innerhalb der gleichen Intelligenzgruppe geheiratet (Rost 2009). Eltern hochbegabter Kinder haben häufig einen überdurchschnittlichen IQ. Häufig ist der Rückschluss aber nur über die erreichten hohen Bildungsabschlüsse möglich (Tettenborn 1996).
IQ der Eltern	
Woher stammte der erste Hinweis auf eine Hochbegabung des Kindes?	Auswertemöglichkeit zur Motivation des IQ-Tests: innerhalb der Familie oder Außerhalb, z.B. Schule. (Eigener Beitrag)
Wie oft sieht das Kind nahestehende (Groß eltern, Onkel, etc.)	Mentoring gilt als potentiell wichtige Förderoption. Mentoren

Verwandte im Durchschnitt?	als Katalysatoren im Sinne Gagnés (Preckel u.
Hat ihr Kind viele/häufig ältere Freunde?	Baudson 2013, S. 94). Ein Mentor kann unterschiedliche Rollen (Ratgeber, Freund, Vorbild, etc.) einnehmen (Clasen & Clasen 2003). Metastudie aus 73 Einzelstudien eines Mentoringprogramms in den USA ergab das Mentoring sowohl fördernd als auch präventiv wirkt (DuBois et al. 2011).
Ist das Kind Mitglied in einem Verein oder Jugendgruppe?	Einfluss der Peer Group ist nicht nur in der Adoleszenz wichtig, sondern ist über die gesamte Kindheit als

	wichtiger Sozialisationsfaktor anzusehen (Hartup 1983 u. Rubin et al. 1998)
Spielt/lernt das Kind ein Instrument?	Häufig gesteigerte Erwartungshaltung bei Eltern hochbegabter Kinder, z.B. im Bezug auf Musikalität -> bei Enttäuschung Ursache von Familienkonflikten Feldhusen und Jarwans (1993)
Hat das Kind Zugriff auf Videospiele?	HBs lassen im Kindergarten die Phase des Parallelspiels oft früh hinter sich und versuchen interaktive Spiele, die dann andere Kinder häufig nicht mitspielen können
Nutzt das Kind das Internet?	

	und wollen. Es folgt eine Entfremdung von Peers. Webb 2015 (s. 70), und deswegen oft Flucht in Bücher oder andere Medien.
Treibt das Kind regelmäßig Sport (außer Schulsport / im Durchschnitt)?	Motorische Schwierigkeiten: HB oder Zeiterscheinung? Ahnert et al 2008, Zahl von Kindern u. Jugendlichen mit motorischen Auffälligkeiten oder Bewegungsmangelerkrankungen und Übergewicht in den letzten Jahrzehnten drastisch zugenommen hat. Offenbar ist weniger der IQ sondern die Sportlichkeit der Eltern von entscheidender

	Bedeutung (Ahnert et al. 2008, 36).
Wie viele Stunden pro Woche liest Ihr Kind (im Durchschnitt)?	HBs lassen im Kindergarten die Phase des Parallelspiels oft früh hinter sich und versuchen interaktive Spiele, die dann andere Kinder häufig nicht mitspielen können und wollen. Es folgt eine Entfremdung von Peers. Webb 2015 (s. 70), und deswegen oft Flucht in Bücher oder andere Medien.
Spielt Ihr Kind gerne draußen?	Introvertiertheit und „Stubenhocken" von hochbegabten Kindern wird in Publikationen (z.B. Webb 2007) häufig als

	Stressfaktor für Familien angeführt.
Spielt Ihr Kind oft mit anderen Kindern oder Geschwistern?	Webb (2015, S 69) sieht Peer Beziehungen als die häufigste Sorge von Eltern.
Würden Sie sich für Ihr Kind einen anderen Freundeskreis wünschen?	
Sind Schule bzw. Kindergarten über die Hochbegabung informiert?	Rost und Albrecht (1985) zeigen einen hohen Zusammenhang zwischen sozialer Schicht und der Wahrscheinlichkeit im Schulsystem als hochbegabt erkannt zu werden. Wie wirkt sich das auf die Familienbelastung aus?
Wenn Schule bzw. Kindergarten über die Hochbegabung informiert sind: Gibt es spezielle Angebote der Einrichtung?	
Werden externe Förderangebote außerhalb der Schule/des	Längsschnittstudie von Gottfried et al. (1994) zeigt, das HB Kinder

Kindergartens wahrgenommen?	schon von früher Kindheit an anregende Aktivitäten von den Eltern fordern.
Wenn externe Förderangebote genutzt werden: Wie häufig?	Cornell & Grossberg (1987) Zusammenhang von Merkmalen familiären Zusammenlebens (Familienskalen) und Fähigkeit der Kinder zur Verhaltenssteuerung. Familienskalen erfassten Zusammenhalt, Offenheit und Konfliktneigung. Ergebnis war eine signifikante Korrelation zwischen Förderprogrammen und Beziehungsaspekten.
Trifft Ihr Kind regelmäßig andere Kinder mit Hochbegabung?	Wird in der Literatur häufig (z.B. Webb 2007) als hilfreicher Faktor für

	die Zufriedenheit von hochbegabten Kindern angesehen.
Wird/wurde das Kind von einem Psychologen betreut?	Hohe Zahl von Fehldiagnosen z.B. ADHS oder Asperger (Webb 2015, S38) häufig durch nicht qualifiziere Stellen oder mangelnde Schulung der Diagnostiker im Bereich Hochbegabung (Hartnett et al. 2004, Silvermann 1998) Andererseits sieht man bei HB tatsächlich eine Häufung von richtigen Diagnosen (Depression, Anoreyia nervosa) Neihart 1999, Piirto 2004, Webb 1999, 2001). Mitarbeiter in Beratungsstellen o.ä.

	extrapolieren und verallgemeinern oft die Erfahrungen die mit problematischen Entwicklungen von HB gemacht wurden (Tettenborn 1996).
Erhält das Kind Nachhilfe oder sonstige individuelle Förderungen?	Webb (Webb et al. 2007) nimmt an, das Förderprogramme dafür sorgen, das HB unauffällig bleiben und die Studienteilnehmer oft dann zum Beleg der Harmoniehypothese herangezogen werden und deshalb keine Auffälligkeiten zu finden sind. Silverman (1991)
Welchen Bildungsabschluss wird	In Familien mit HB Kindern herrscht hohe

Ihr Kind wahrscheinlich erreichen?	Leistungs- u. Erfolgsorientierung, Bloom (1985). High-Achiever erfahren signifikant mehr Anerkennung und Vertrauen als Underachiever HBs in Familien, Morrow & Wilson (1961).
Wie lange ist das Kind im Durchschnitt mit Hausaufgaben und Lernen beschäftigt (pro Tag)?	Underachievement (als Belastungsfaktor) wird in der Praxis häufig aufgrund einer Diskrepanz von Schulleistungen und Intelligenz erschlossen. (Ziegler 2017, S.18) Noten der Underachiever können im
Hat das Kind in Hauptfächern (Deutsch, Mathe, Fremdsprache, etc.) eine Zensur schlechter als "Befriedigend"?	

	Durchschnittsbereich liegen (McCall et al. 1992)
Nimmt ein Lehrer oder BetreuerIn aus dem Kindergarten außerhalb von Elternabenden mit Ihnen Kontakt auf, um Probleme zu besprechen?	Bei Beurteilungen durch Lehrkräfte auf der Basis der Terman Studie von Burks et al. 1930 wurden nur kleine Anteile aus der Gruppe der Hochbegabten (5% Mädchen / 6% Jungen) von Lehrkräften gemieden oder von Mitschülern geärgert (5% Jungen / 12% Mädchen). Auch ein Großteil der Eltern (87% Jungen / 91% Mädchen) gaben an, das ihr Kind von anderen Kindern nicht als „anders" angesehen wird. Schulprobleme werden jedoch häufig als Quelle

	familiärer Belastungen genannt.
Hat das Kind Delikte oder Ordnungswidrigkeiten begangen (z.B. Schulschwänzen, Ladendiebstahl, etc.)?	Item zur Messung eines möglichen Zusammenhangs zwischen Underachievement und Delinquenz. Delinquenz eines Kindes als Stressfaktor für die Familie. (Eigener Beitrag).
Wie oft streiten Sie sich mit dem Kind?	Mathews, West u. Hosie (1986) Familien mit HB Kindern sind kommunikationsfähiger und verhaltenskontrollierter und haben eine klare Rollenstruktur.
Wie oft streitet sich das Kind mit Freunden oder Geschwistern?	HBs sind ihrer Altersklasse in einigen Bereichen voraus:

Ist Ihr Kind Opfer von Mobbing?	Verständnis für moralische Fragen u. Freundschaftskonzepte. Sie wünschen sich das Eingehen einer vertrauensvollen Beziehung (Gross 2004) -> kann zu Problemen führen wenn Umwelt diesen Unterscheid zur Altersgruppe nicht wahrnimmt. Mangel an intellektuell ebenbürtigen Personen – besonders in Kindergarten und Grundschule - kann zur sozialen Isolation führen (Gross 2009). Rost 1993: HBs sind keine unbeliebten Streber oder

161

	Eierköpfe.
Wie oft sucht Ihr Kind das Gespräch mit Ihnen?	Dient der Messung der elterlichen Selbsteinschätzung zum Abgleich mit dem Ergebnis des EBI. (Eigener Beitrag)
Wie anstrengend empfinden Sie die Gespräche mit Ihrem Kind?	
Wie anstrengend ist es für Sie, Ihr Kind zu betreuen?	
Streiten Sie mit Ihrem Partner über die Erziehung des Kindes?	Elterliche Einschätzung des Familiensystems steht in keinem Zusammenhang mit der Begabung oder Geschlecht des Kindes. Die Mütter erleben jedoch in einem signifikanten Zusammenhang einen größeren familiären Zusammenhalt und demokratisches

	Miteinander je höher der soziale Status der Familie ist. Rost (2009)
Falls Ihr Kind kein Einzelkind ist: Machen Sie sich Sorgen, dass Ihre anderen Kinder vielleicht wegen dem hochbegabten Kind zu kurz kommen?	Eltern konzentrieren sich häufig zu stark auf das HB Kind Silverman (1993) Bei mehr Kindern wird dem hochbegabten Kind ein Sonderstatus zugebilligt, was häufig zu Spannungen im Familienverbund führt Cornell (1983).
Machen Sie sich Sorgen, die in der intellektuellen Leistungsfähigkeit des Kindes begründet liegen?	Schilling et al 2009: Überhöhte Leistungserwartungen an hochbegabte Kinder sind häufig Grund für Probleme im Familienverbund.

163

Machen Sie sich Sorgen, das Ihr Kind hinter seinem Potential zurück bleibt (Underachievement)?	Ergebnisse zeigen dass es Underarchievern im Schulkontext nicht gut geht, d.h. es ist ein Leidensdruck vorhanden. Hohes Risiko für erhebliche emotionale und soziale Probleme und sie benötigen besondere Hilfen (Reis & McCoach 2000)
Empfinden Sie die intellektuelle Leistungsfähigkeit Ihres Kindes manchmal als Belastung?	Dient der Messung der elterlichen Selbsteinschätzung zum Abgleich mit dem Ergebnis des EBI. (Eigener Beitrag)
Haben Sie den Eindruck, dass Ihr Kind seine intellektuelle	Einige Studien zeigen Entfremdungsgefühle häufig als Ursache der Beeinträchtigung der

Leistungsfähigkeit als Belastung empfindet?	sozialen und emotionalen Entwicklung. Deswegen oft fälschlicherweise Diagnose einer psychischen Störung (Cillessen 1992, Hymel 1990, Parke 1997, Strop 2001
Wie hoch würden Sie die intellektuelle Leistungsfähigkeit des Kindes als Belastungsfaktor in der Familie einschätzen?	„Positive labeling" – Effekte nach Cornell (1983) – Eltern zeigen nach „Erkennung" von HB mehr Stolz und Verbundenheit zu ihren Kindern. Bei mehr Kindern wird dem hochbegabten Kind ein Sonderstatus zugebilligt, was häufig zu Spannungen im Familienverbund führt.

Tabelle 18 - Zusätzliche Items als Ergänzung des EBI

ERGEBNISSE

Dieses Kapitel beschreibt die Aufbereitung der Daten sowie alle durchgeführten Berechnungen zur Überprüfung der Hypothesen. Zur Aufbereitung und Auswertung wurden folgende Hilfsmittel benutzt:

- APACHE Webserver (2.4.33) + MySQL & PHP für das Online-Formular
- MySQLWorkbench Ver 6.3 zum Exportieren der Daten aus der Webdatenbank
- MS Excel Ver. 16.13.1 zur ersten Durchsicht der Daten und Aussondern von fehlerhaften oder unvollständigen Datensätzen
- IBM SPSS Ver. 25 zur statistischen Analyse

Vorbereitung und Durchsicht der Datensätze

Eine Ermittlung der Summenwerte bzw. der Stanine für das EBI wurde durch die Software bei der Erfassung vorgenommen. Die Berechnungen erfolgten nach den Normtabellen des Manuals. Es wurde je nach Datensatz zwischen der Normtabelle für Familien und Alleinerziehenden unterschieden.

Es erfolgte ein Export der Daten aus der MySQL-Webdatenbank nach MS Excel. Dort wurde eine erste Durchsicht der Daten vorgenommen. Unvollständige Datensätze wurden entfernt.

Aufgrund der Normung des EBI und der ausreichenden Anzahl von Datensätzen wurde entschieden, nur die von Müttern ausgefüllten Datensätze zu berücksichtigen.

Anschließen erfolgte ein Import nach SPSS wo noch 2 zusätzliche Variablen berechnet wurden. Ausgehend vom Schwellenwert des EBI (> 60) wurden die Variablen „Überlastung" – 0 für keine Überlastung, 1 für Überlastung, bzw. die Variable „Überlastet" – entsprechend mit „Ja" und „Nein" befüllt. Danach erfolgte eine Analyse der Stichprobeneigenschaften.

Deskriptive Statistik des Summenwerts des EBI

Wie erwartet konnten alle Datensätze nach der Bereinigung berücksichtigt werden. Tabelle 19 enthält die wichtigsten Parameter. Die n=58 Datensätze lagen beim EBI Gesamtscore einen Bereich von 45 bis 71. Der Mittelwert lag bei 63,4. Weitere Detaildaten sind in Tabelle 19 aufgeführt.

Deskriptive Statistik

	N Statistik	Spannweite Statistik	Minimum Statistik	Maximum Statistik	Mittelwert Statistik
Gesamt_Stanine_Results	58	26	45	71	63,40
Gültige Werte (Listenweise)	58				

	Mittelwert Std.-Fehler	Std.- Abweichung Statistik	Varianz Statistik
Gesamt_Stanine_Results	1,021	7,775	60,454
Gültige Werte (Listenweise)			

Tabelle 19 - Deskriptive Statistik (Übersicht) zur Gesamtbelastung

(Gesamt_Stanine_Results)

Von den 58 Fällen handelte es sich bei 42 um Familien mit einer Überlastung nach EBI-Definition. In 16 Fällen gab es keine Überlastung - Tabelle 20.

Verarbeitete Fälle

		Fälle				
		Gültig		Fehlend		Gesamt
	Überlastet	N	Prozent	N	Prozent	N
Gesamt_Stanine_Results	Ja	42	100,0%	0	0,0%	42
	Nein	16	100,0%	0	0,0%	16

Tabelle 20 - Verarbeitete Fälle für die Bewertung des Gesamtscores

Für die überlasteten Familien lagen die EBI-Scorewerte zwischen 61 und 71) – Siehe Tabelle 21. Dabei ist zu beachten, dass die Skala der Normtabelle des EBI bei 70 endet. Der Wert 71 bedeutet in diesem Fall, dass der maximale Wert der

Normtabelle überschritten wurde. Von den 58 Fällen war dies bei 20 (34,5%) der Fall

Überlastet			Statistik
Gesamt_Stanine_Results Ja	Mittelwert		67,55
	95% Konfidenzintervall des Mittelwerts	Untergrenze	66,38
		Obergrenze	68,71
	5% getrimmtes Mittel		67,72
	Median		68,50
	Varianz		14,010
	Std.-Abweichung		3,743
	Minimum		61
	Maximum		71
	Spannweite		10
	Interquartilbereich		7
	Schiefe		-,435
	Kurtosis		-1,477
Nein	Mittelwert		52,50
	95% Konfidenzintervall des Mittelwerts	Untergrenze	50,33
		Obergrenze	54,67
	5% getrimmtes Mittel		52,61
	Median		51,50
	Varianz		16,533
	Std.-Abweichung		4,066
	Minimum		45
	Maximum		58
	Spannweite		13
	Interquartilbereich		6
	Schiefe		-,170

Tabelle 21 - Deskriptive Statistik (Details) zur Gesamtbelastung Gesamt_Stanine_Results) – Teil 1

Bei den nicht überlasteten Familien zeigte sich ein ausgeglicheneres Bild. Die Werte lagen zwischen 45 und 58. Der Deckeneffekt bei den überlasteten Familien ist im Boxplot (Abbildung 38) deutlich sichtbar.

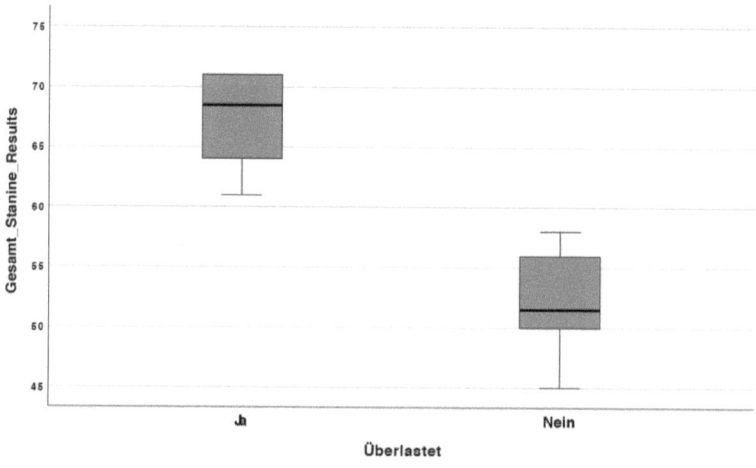

Abbildung 38 - Boxplot für die Variable "Gesamt_Stanine_Results" - entspricht dem Score für die Gesamtbelastung – Gruppiert nach Überlastet (Ja/Nein))

Test auf Normalverteilung der abhängigen Variable

Zur Bestimmung eines geeigneten statistischen Verfahrens zur weiteren Auswertung wurde zunächst eine Überprüfung auf Normalverteilung der abhängigen Variable vorgenommen - Tabelle 22.

Tests auf Normalverteilung

	Kolmogorov-Smirnov[a]			Shapiro-Wilk		
	Statistik	df	Signifikanz	Statistik	df	Signifikanz
Gesamt_ Stanine_ Results	,181	58	,000	,864	58	,000

a. Signifikanzkorrektur nach Lilliefors

Tabelle 22 - Test auf Normalverteilung

Sowohl der Test nach Kolmogorov-Smirnov als auch Shapiro-Wilk zeigten signifikante Ergebnisse (bei $p < 0,05$). Damit kann nicht von einer Normalverteilung der Daten ausgegangen werden.

Auswahl des statistischen Verfahrens

Durch die fehlende Normalverteilung waren die ursprünglich geplanten parametrischen Testverfahren (z.B. ANOVA) nicht einsetzbar. Aufgrund der fehlenden Normalverteilung, der intervallskalierten abhängigen Variable und den nominalskalierten unabhängigen Variablen wurde der Mann-Whitney-Test als nicht-parametrisches Testverfahren gewählt.

Häufigkeiten bei den Variablen zur Hypothesenbewertung

Zur umfassenden Beurteilung der Ergebnisse wurden neben dem Mann-Whitney-Test auch für alle hypothesenrelevanten Variablen Auswertungen zur Verteilung erhoben.

Abbildung 39 zeigt die Aufteilung in überlastete und nicht-überlastete Familien.

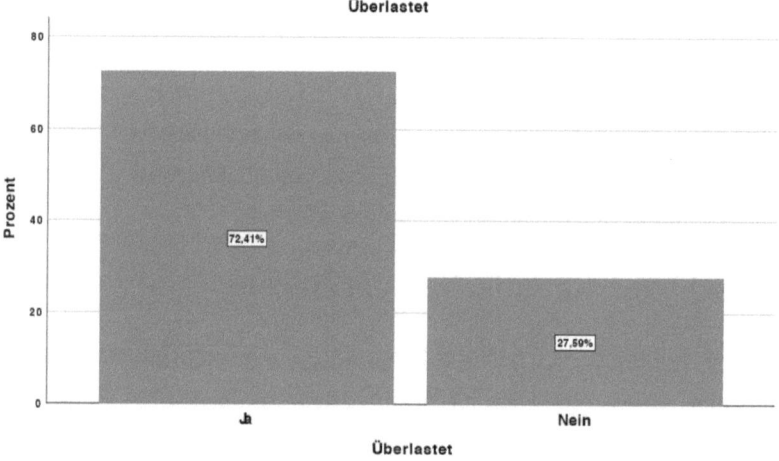

Abbildung 39 - Häufigkeiten für die Variable "Überlastet"

Von den Müttern der teilnehmenden Familien hatten 81,03% eine abgeschlossene Berufsausbildung (Abbildung 40).

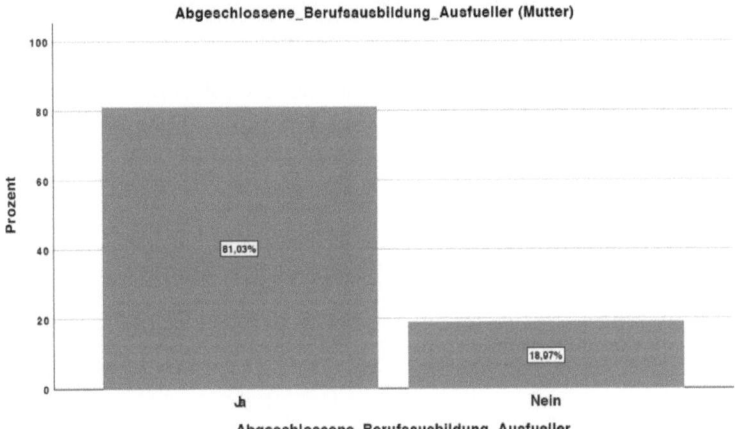

Abbildung 40 - Häufigkeiten für die Variable

"Abgeschlossene_Berufsausbildung_Ausfueller", (entspricht der Mutter)

Die Mütter verfügten auch in der Mehrzahl über hohe Bildungsabschlüsse (Abbildung 41). So konnten 62,07% ein Studium vorweisen. Weitere 10,34% hatten sogar promoviert.

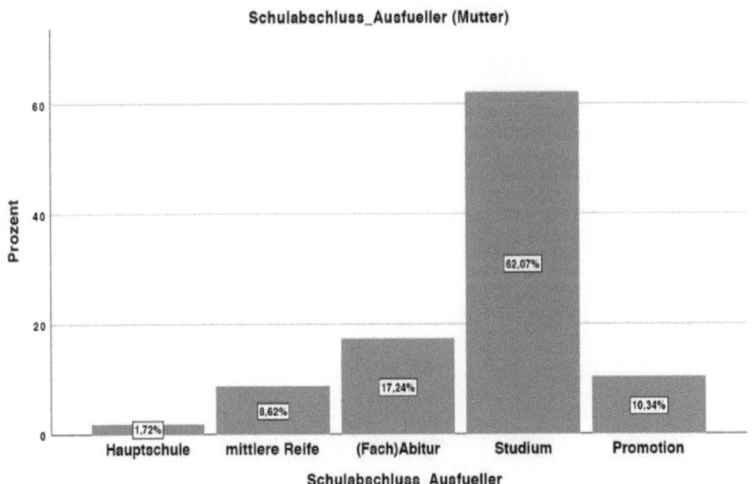

Abbildung 41 - Häufigkeiten für die Variable "Schulabschluss_Ausfueller", (entspricht der Mutter)

173

Das Familieneinkommen der Teilnehmer erwies sich in der Mehrzahl der Fälle als gehoben (Abbildung 42). Bei 41,38% der Teilnehmer lag das verfügbare Bruttoeinkommen bei mehr als 6.000€ im Monat. Lediglich 3,45% der Teilnehmer hatten weniger als 2.500€ zur Verfügung.

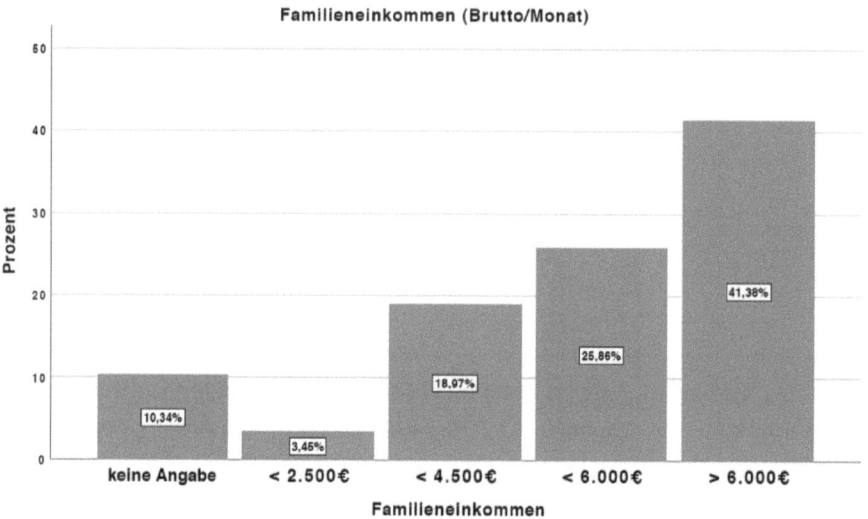

Abbildung 42 - Häufigkeiten für die Variable "Familieneinkommen"

Ein deutlich breitere Verteilung zeigte sich bei dem Alter der hochbegabten Kinder innerhalb der Familie (

Abbildung 43). Zwischen 3 und 17 Jahren waren alle Altersklassen vertreten, wobei die meisten Kinder zwischen 7 und 13 Jahren alt waren.

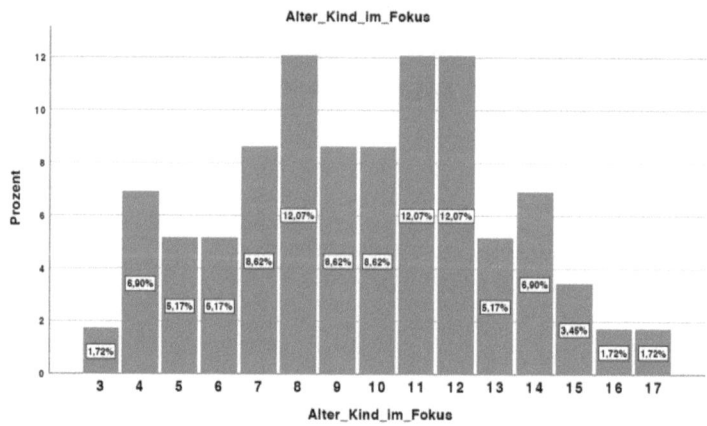

Abbildung 43 - Häufigkeiten für die Variable "Alter_Kind_im_Fokus"

Die Auswertung des IQ der Eltern zeigte, dass 34,48% der Eltern keine Information über eine eventuelle Hochbegabung (oder der des Partners) haben. In 36,21% der Fälle ist jedoch mindestens ein Elternteil auch hochbegabt, in 25,86% der Fälle sogar beide Elternteile (Abbildung 44).

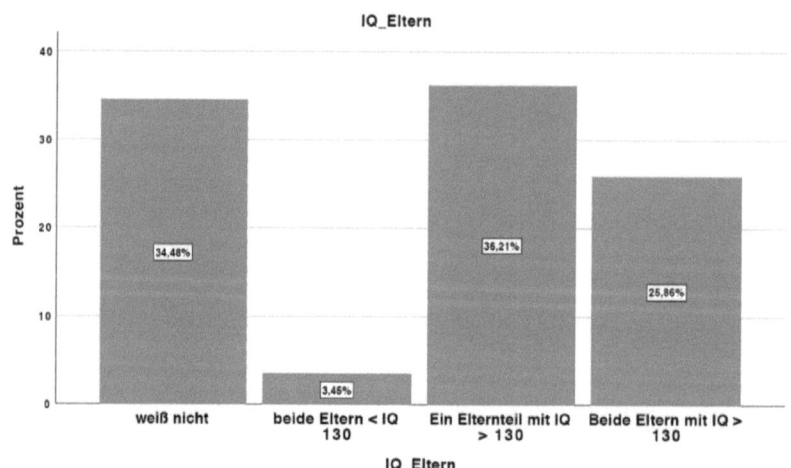

Abbildung 44 - Häufigkeiten für die variable "IQ_Eltern"

Bei den teilnehmenden Familien ist in der Mehrzahl der Fälle der tägliche Zeitaufwand für Hausaufgaben des Kindes < 1 Stunde, in 37,93% der Fälle wird sogar weniger als 30 min benötigt. Trotzdem gibt es mit 15,52% eine Gruppe, die bis zu 2 Stunden täglich für Hausaufgaben aufwenden muss. Bei 3,45% sind es sogar mehr als 2 Stunden täglich (Abbildung 45).

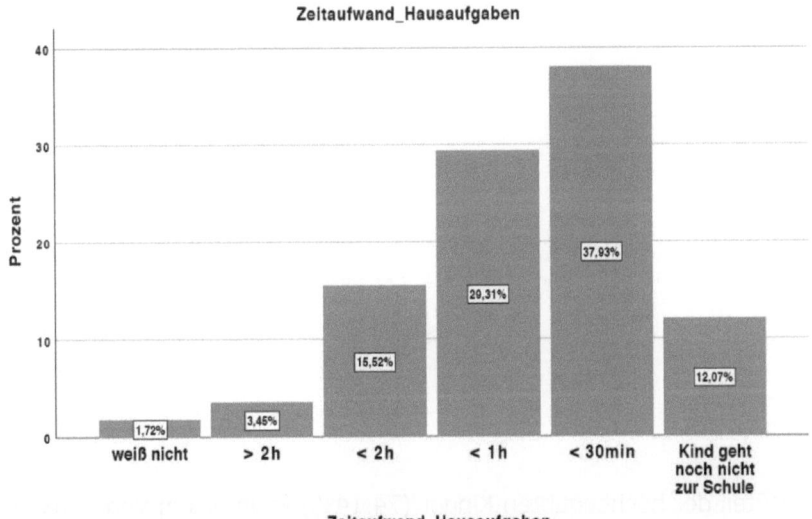

Abbildung 45 - Häufigkeiten für die Variable "Zeitaufwand_Hausaufgaben"

Deutlich mehr als die Hälfte der Familien (56,9%) hat keinerlei Probleme mit Mobbing (Abbildung 46), bezogen auf das hochbegabte Kind. Lediglich 8,62% der hochbegabten Kinder erfahren Mobbing mehrfach in der Woche, 1,72% sogar jeden Tag.

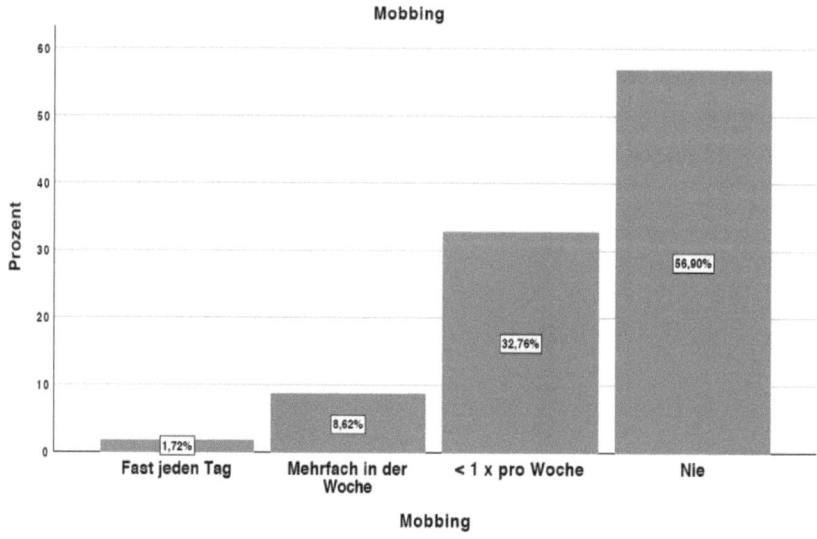

Abbildung 46 - Häufigkeiten für die Variable "Mobbing"

Ein Großteil der hochbegabten Kinder (74,14%) ist in einem Verein aktiv - Abbildung 47.

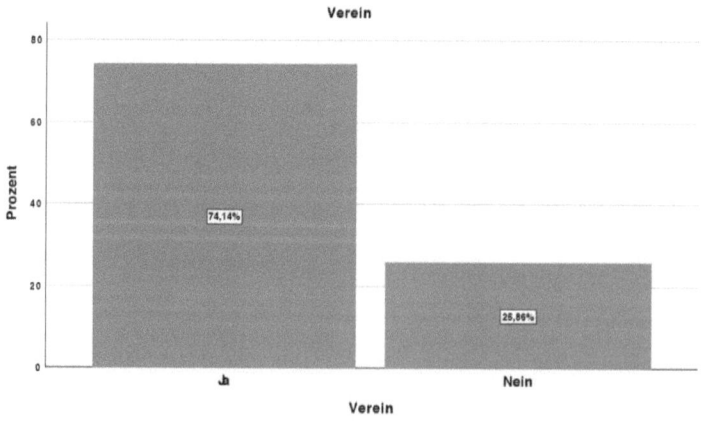

Abbildung 47 - Häufigkeiten für die Variable "Verein"

Ähnlich sieht das Bild bei hochbegabten Kindern aus, die ein Instrument erlernen. In der Stichprobe lernten 58,62% den Gebrauch eines Instruments (Abbildung 48).

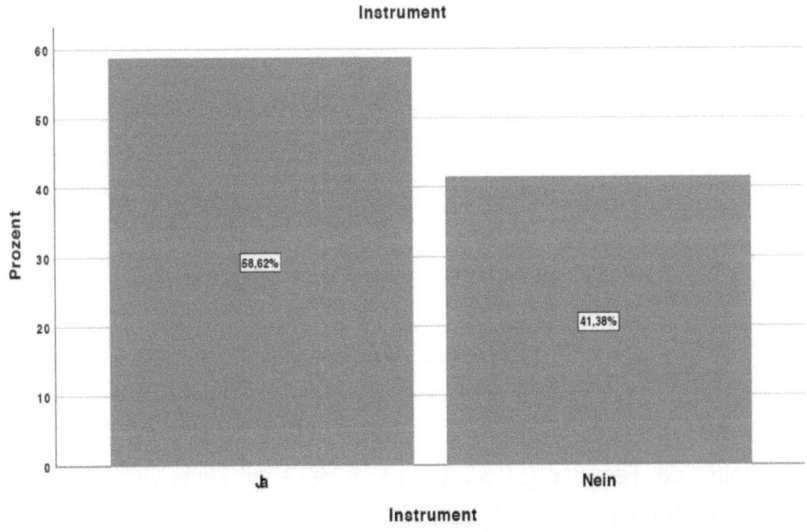

Abbildung 48 - Häufigkeiten für die Variable "Instrument"

Nur 39,66% der hochbegabten Kinder hatten Kontakt zu anderen Hochbegabten. Die Mehrheit (55,17%) hatte keinen regelmäßigen Kontakt zu anderen Hochbegabten (Abbildung 49).

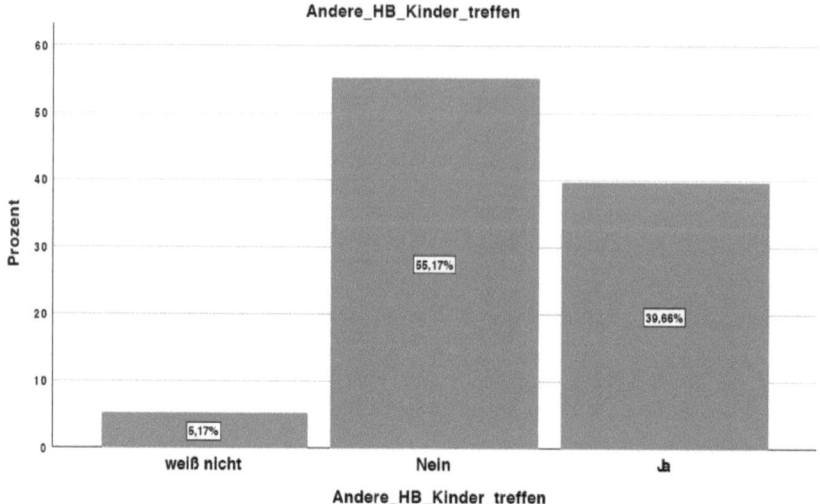

Abbildung 49 - Häufigkeiten für die Variable "Andere_HB_Kinder_treffen"

Bei der Hälfte der Familien (50%) gab es im Haushalt keine weiteren nicht-hochbegabten Kinder. In Familien bei denen dies jedoch der Fall war, hatten 27,59% der Mütter jedoch nie das Gefühl, die anderen Kinder zugunsten des hochbegabten Kindes zu vernachlässigen. Bei 10,34% der Mütter war dies jedoch gelegentlich der Fall. Nur 1,72% beantworteten diese Frage mit „sehr häufig" (Abbildung 50).

180

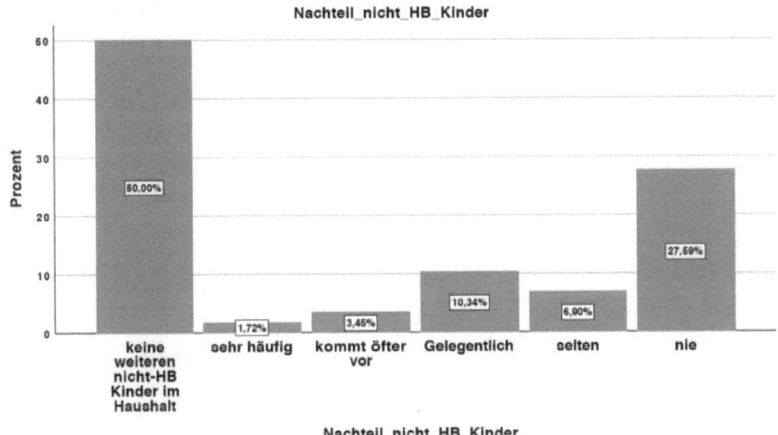

Abbildung 50 - Häufigkeiten für die Variable "Nachteil_nicht_HB_Kinder"

In der Mehrzahl der Familien war häufiges Streiten mit dem hochbegabten Kind an der Tagesordnung. 15,52% der Mütter stritten fast jeden Tag mit dem Kind. Bei 39,66% gab es mehrfach in der Woche Streit. Lediglich 44,83% hatten weniger als 1 x pro Woche Streit mit dem hochbegabten Kind (Abbildung 51).

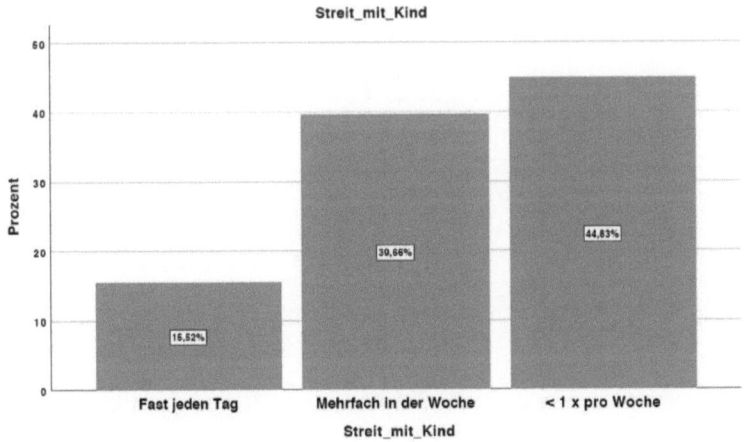

Abbildung 51 - Häufigkeit für die Variable "Streit_mit_Kind"

181

Auch bei der Frage, wie oft sich die Eltern über die Erziehung des hochbegabten Kindes streiten, zeigt sich ein ähnliches Bild. Nur 43,1% der Mütter gaben an, sich nie zu diesem Thema zu Streiten. Bei 34,48% gab es im Durchschnitt weniger als 1 x pro Woche Streit. Der Extremfall von täglichen Streiten war bei 1,72% der Eltern Alltag (Abbildung 52).

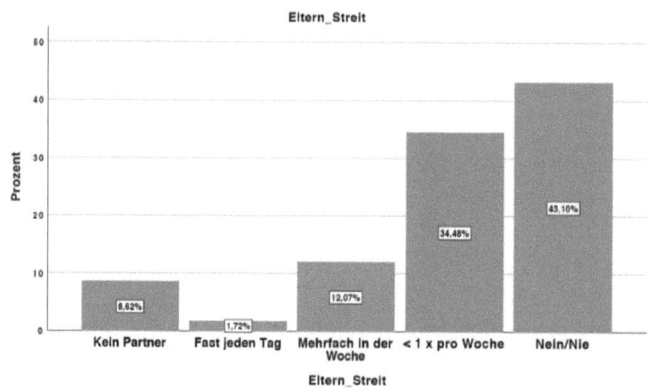

Abbildung 52 - Häufigkeiten für die Variable "Eltern_Streit"

Statistische Auswertung der Ergebnisse – Mann-Whitney-Test

Der Mann-Whitney-Test zeigt bei 8 der 13 Variablen statistisch signifikante Werte (bei $p < 0{,}05$) - Tabelle 23.

Es handelt sich um die Variablen
Abgeschlossene_Berufsausbildung_Ausfueller (p = 0,024),
Alter_Kind_im_Fokus (p=0,008), Verein (p=0,006), Instrument (p=0,006),
Andere_HB_Kinder_treffen (p=0,23), Streit_mit_Kind (p=0003),
Eltern_Streit (p=0,048) und Nachteil_nicht_HB_Kinder (p=0,08).

Gruppenvariable: Überlastung

	Abgeschlossene_ Berufsausbildung_ Ausfueller	Schulabschl uss _Ausfueller	Alter_Kind_ im_ Fokus	Familien einkommen
Mann-Whitney-U	248,000	317,500	183,000	297,000
Wilcoxon-W	384,000	453,500	1086,000	1200,000
Z	-2,254	-,371	-2,673	-,714
Asymptotische Signifikanz (2-seitig)	,024	,711	,008	,476

	IQ_Eltern	Ver-ein	Instru-ment	Andere_HB_Kinder_treffen	Zeitaufwand_Hausaufgaben
Mann-Whitney-U	329,000	216,000	202,000	221,000	299,000
Wilcoxon-W	465,000	352,000	338,000	1124,000	435,000
Z	-,129	-2,752	-2,732	-2,280	-,673
Asymptotische Signifikanz (2-seitig)	,898	,006	,006	,023	,501

	Streit_mit_Kind	Mobbing	Eltern_Streit	Nachteil_nicht_HB_Kinder
Mann-Whitney-U	178,000	266,000	229,500	196,000
Wilcoxon-W	1081,000	1169,000	1132,500	1099,000
Z	-2,992	-1,379	-1,979	-2,637
Asymptotische Signifikanz (2-seitig)	,003	,168	,048	,008

Tabelle 23 - Auswertung der Variablen mit dem Mann-Whitney-Test

Für die Bewertung der Effekte ist die Rangbildung der Ergebnisse des Mann-Whitney-U Tests von Bedeutung (Tabelle 24). In der Ergebnistabelle codiert „1" bei der Spalte „Überlastung" für eine Überlastung. Durch den Vergleich (unter Berücksichtigung der jeweiligen Codierung) der mittleren Ränge bei den signifikanten Variablen kann auf die Effektrichtung geschlossen werden.

Ränge

	Überlastung	N	Mittlerer Rang	Rang-summe
Abgeschlossene_	0	16	24,00	384,00
Berufsausbildung_	1	42	31,60	1327,00
Ausfueller Gesamt		58		
Schulabschluss_	0	16	28,34	453,50
Ausfueller	1	42	29,94	1257,50
Gesamt		58		
Alter_Kind_im_Fokus	0	16	39,06	625,00
	1	42	25,86	1086,00
Gesamt		58		
Familieneinkommen	0	16	31,94	511,00
	1	42	28,57	1200,00
Gesamt		58		
IQ_Eltern	0	16	29,06	465,00
	1	42	29,67	1246,00
Gesamt		58		

Verein	0	16	22,00	352,00
	1	42	32,36	1359,00
	Gesamt	58		
Instrument	0	16	21,13	338,00
	1	42	32,69	1373,00
	Gesamt	58		
Andere_HB_ Kinder_treffen	0	16	36,69	587,00
	1	42	26,76	1124,00
	Gesamt	58		
Zeitaufwand_ Hausaufgaben	0	16	27,19	435,00
	1	42	30,38	1276,00
	Gesamt	58		
Streit_mit_Kind	0	16	39,38	630,00
	1	42	25,74	1081,00
	Gesamt	58		
Mobbing	0	16	33,88	542,00
	1	42	27,83	1169,00
	Gesamt	58		
Eltern_Streit	0	16	36,16	578,50
	1	42	26,96	1132,50

	Gesamt	58		
Nachteil_nicht_	0	16	38,25	612,00
HB_Kinder	1	42	26,17	1099,00
	Gesamt	58		

Tabelle 24 - Ausgewertete Variablen - Ränge beim Mann-Whitney-Test

In Tabelle 25 wird eine Auswertung der Ränge unter Berücksichtigung der Codierung zur Bestimmung der Effektrichtung vorgenommen.

Variable	Codierungschema	Aussage
Abgeschlossene_ Berufsausbildung_ Ausfueller	Hoher Wert entspricht „keine abgeschlossene Berufsausbildung"	Der Wert des mittleren Rangs ist in der überlasteten Gruppe größer, d.h. bei den überlasteten Familien gibt es wahrscheinlich mehr Mütter, ohne abgeschlossene Berufsausbildung.
Alter_Kind_im_Fokus	Intervallskala (Lebensjahre)	Der Wert des mittleren Rangs ist in der nicht überlasteten Gruppe größer, d.h. je jünger das Kind, desto wahrscheinlicher ist eine Überlastung.

Verein	Keine Vereinsmitgliedschaft des Kindes = höherer Wert	Der Wert des mittleren Rangs ist in der nicht überlasteten Gruppe kleiner, d.h. eine Vereinsmitgliedschaft wirkt sich wahrscheinlich positiv auf die Familienbelastung aus.
Instrument	Kein Musikunterricht des Kindes = höherer Wert	Der Wert des mittleren Rangs ist in der nicht überlasteten Gruppe kleiner, d.h. das Erlernen eines Instruments wirkt sich wahrscheinlich positiv auf die Familienbelastung aus.
Andere_HB_Kinder_treffen	Treffen andere HB-Kinder führt zu höheren Werten	Der Wert des mittleren Rangs ist in der nicht überlasteten Gruppe höher, d.h. das Treffen mit anderen Hochbegabten wirkt sich wahrscheinlich positiv auf die

		Familienbelastung aus.
Streit_mit_Kind	Weniger Streits führen zu kleineren Werten	Der Wert des mittleren Rangs ist in der nicht überlasteten Gruppe höher, d.h. seltenes Streiten mit dem Kind wirkt sich wahrscheinlich positiv auf die Familienbelastung aus
Eltern_Streit	Wenig Streits führen zu hohen Werten	Der Wert des mittleren Rangs ist in der nicht überlasteten Gruppe höher, d.h. weniger Streit zwischen den Eltern wirkt sich wahrscheinlich positiv auf die Familienbelastung aus.
Nachteil_nicht_HB_Kinder	Wenig Schuldgefühle der Mutter führen zu hohen Werten	Der Wert des mittleren Rangs ist in der nicht überlasteten Gruppe höher, d.h. weniger Schuldgefühle der Mutter wirken sich wahrscheinlich

		positiv auf die Familienbelastung aus.

Tabelle 25 - Ermittlung der Effektrichtung unter Berücksichtigung der Codierung

Effektstärken

Die Effektstärken wurden nach folgender Formel berechnet :

$$r = \left| \frac{z}{\sqrt{n}} \right|$$

bei n=58.

Es ergaben sich folgende Effektstärken bei den signifikanten Variablen:

Variable	Effektstärke (r)
Abgeschlossene_Berufsausbildung_Ausfüller	0,3
Alter_Kind_im_Fokus	0,35
Verein	0,36
Instrument	0,36
Andere_HB_Kinder_treffen	0,3
Streit_mit_Kind	0,39
Eltern_Streit	0,26
Nachteil_nicht_HB_Kinder	0,35

Tabelle 26 - Berechnung der Effektstärken für die signifikanten Ergebnisse

Wie in Tabelle 26 aufgeführt sind – je nach Deutung der Ergebnisse – mittlere (nach Cohen 1992) bis große (nach Gignac et al. 2016) Effektstärken zu verzeichnen.

Berufsausbildung der Mutter

Familien, bei denen die Mutter eine abgeschlossene Berufsausbildung (mittlerer Rang = 24,00, niedrige Werte stehen für eine abgeschlossene Ausbildung) hat, weisen eine weniger starke Familienbelastung auf (Mann-Whitney-U-Test: $z =$ -2,254, $p =$ .024), als bei Müttern ohne abgeschlossene Berufsausbildung (mittlerer Rang = 31,6). Die Effektstärke beträgt r=0,3, und liegt damit im mittleren (Cohen 1992) bzw. hohen (Gignac et al. 2016) Bereich. Eine abgeschlossene Berufsausbildung der Mutter hat einen Einfluss auf die Belastung in Familien mit hochbegabten Kindern. Mütter mit einer abgeschlossenen Berufsausbildung sind tendenziell weniger belastet.

Schulabschluss der Mutter

Der Mann-Whitney-U-Test zeigte bei dem Schulabschluss der Mutter keinen signifikanten Einfluss auf die Familienbelastung. (Mann-Whitney-U-Test: $z =$ -0,371, $p =$ 0,711). Es kann in dieser Studie kein Einfluss auf die Belastung in Familien mit hochbegabten Kindern in Verbindung mit dem Schulabschluss der Mutter gezeigt werden.

Alter des Kindes

Abhängig vom Alter des hochbegabten Kindes verändert sich die Familienbelastung. Bei den überlasteten Müttern liegt der mittlere Rang bei 25,85 (niedrigere Werte bedeuten jüngere Kinder), bei den nicht-überlasteten Müttern bei 39,06. Das bedeutet, je jünger das Kind, desto größer die (Mann-Whitney-U-Test: $z =$ -2,673, $p =$ .008. Die Effektstärke beträgt r=0,35, und liegt damit im mittleren (Cohen 1992) bzw. hohen (Gignac et al. 2016) Bereich. Das Alter des hochbegabten Kindes hat einen

Einfluss auf die Belastung in Familien mit hochbegabten Kindern. Tendenziell erzeugen jüngere Kinder größere Belastungen.

Familieneinkommen

Der Mann-Whitney-U-Test zeigte bei dem Familieneinkommen keinen signifikanten Einfluss auf die Familienbelastung. (Mann-Whitney-U-Test: $z = -0,714$, $p = 0,476$). Es kann in dieser Studie kein Einfluss auf die Belastung in Familien mit hochbegabten Kindern in Verbindung mit dem Familieneinkommen gezeigt werden.

IQ der Eltern

Der Mann-Whitney-U-Test zeigte bei dem IQ der Eltern keinen signifikanten Einfluss auf die Familienbelastung. (Mann-Whitney-U-Test: $z = -0,129$, $p = 0,898$). Es kann in dieser Studie kein Einfluss auf die Belastung in Familien mit hochbegabten Kindern in Verbindung mit dem IQ der Eltern gezeigt werden.

Belastung durch Hausaufgaben

Der Mann-Whitney-U-Test zeigte bei dem Zeitaufwand durch Hausaufgaben keinen signifikanten Einfluss auf die Familienbelastung. (Mann-Whitney-U-Test: $z = -0,637$, $p = 0,501$). Es kann in dieser Studie kein Einfluss auf die Belastung in Familien mit hochbegabten Kindern in Verbindung mit der Belastung durch Hausaufgaben gezeigt werden.

Mobbing

Der Mann-Whitney-U-Test zeigte bei Mobbing keinen signifikanten Einfluss auf die Familienbelastung. (Mann-Whitney-U-Test: $z = -1,379$, $p = 0,168$). Es kann in dieser Studie kein Einfluss auf die Belastung in Familien mit hochbegabten Kindern in Verbindung mit Mobbing gezeigt werden.

Mitgliedschaft in einem Sportverein

Familien, bei denen das hochbegabte Kind Mitglied in einem Sportverein ist, sind geringer belastet (mittlerer Rang = 22,00, niedrige Werte stehen für eine Vereinsmitgliedschaft), Mann-Whitney-U-Test: $z = $ -2,752, $p = $ .006) als bei Kindern ohne eine Vereinsmitgliedschaft (mittlerer Rang = 32,36). Die Effektstärke beträgt r=0,36, und liegt damit im mittleren (Cohen 1992) bzw. hohen (Gignac et al. 2016) Bereich. Die Mitgliedschaft in einem Sportverein des Kindes hat einen Einfluss auf die Belastung in Familien mit hochbegabten Kindern. Tendenziell verringert die Mitgliedschaft eine Belastung.

Erlernen eines Instruments

Familien, bei denen das hochbegabte Kind Mitglied ein Instrument erlernt, sind geringer belastet (mittlerer Rang = 21,13, niedrige Werte stehen für das Erlernen eines Instruments), Mann-Whitney-U-Test: $z = $ -2,732, $p = $ .006) als bei Kindern die kein Instrument erlernen (mittlerer Rang = 32,69). Die Effektstärke beträgt r=0,36, und liegt damit im mittleren (Cohen 1992) bzw. hohen (Gignac et al. 2016) Bereich. Das Erlernen eines Instruments des Kindes hat einen Einfluss auf die Belastung in Familien mit hochbegabten Kindern. Tendenziell sind Familien, bei denen das hochbegabte Kind ein Instrument lernt, weniger belastet.

Zugang zu anderen hochbegabten Kindern

Familien, bei denen das hochbegabte Kind Zugang zu anderen Hochbegabten hat, sind geringer belastet (mittlerer Rang = 36,69, höhere Werte stehen für das Treffen anderer Hochbegabter), Mann-Whitney-U-Test: $z = $ -2,280, $p = $ .023) als bei Kindern die keine anderen Hochbegabten treffen (mittlerer Rang = 26,76). Die Effektstärke beträgt r=0,3, und liegt damit im mittleren (Cohen 1992) bzw. hohen (Gignac et al. 2016) Bereich. Der Zugang zu anderen hochbegabten Kindern hat einen Einfluss auf die

Belastung in Familien. Tendenziell sind Eltern, deren Kinder andere Hochbegabte treffen, weniger belastet.

Schuldgefühle der Eltern

Familien, bei denen die Mutter Schuldgefühle wegen einer möglichen Vernachlässigung von nicht-hochbegabten Kindern hat, sind höher belastet (mittlerer Rang = 26,17, niedrige Werte stehen für mehr Schuldgefühle), Mann-Whitney-U-Test: z = -2,637, p = .008) als bei Müttern mit weniger Schuldgefühlen (mittlerer Rang = 38,25). Die Effektstärke beträgt r=0,35, und liegt damit im mittleren (Cohen 1992) bzw. hohen (Gignac et al. 2016) Bereich. Schuldgefühle der Eltern wegen einer möglichen Vernachlässigung von nicht-hochbegabten Kindern im Familienverbund haben einen Einfluss auf die Belastung in Familien mit hochbegabten Kindern. Tendenziell sind Eltern, die mehr Schuldgefühle haben, stärker belastet.

Häufiger Streit mit dem Kind

Familien, bei denen die Mutter häufiger mit dem hochbegabten Kind streitet sind höher belastet (mittlerer Rang = 25,74, niedrige Werte stehen für mehr Streit), Mann-Whitney-U-Test: z = -2,992, p = .003) als bei Müttern mit weniger mit dem Kind streiten (mittlerer Rang = 39,38). Die Effektstärke beträgt r=0,39, und liegt damit im mittleren (Cohen 1992) bzw. hohen (Gignac et al. 2016) Bereich. Häufiger Streit der Mutter mit dem hochbegabten Kind hat einen Einfluss auf die Belastung in Familien mit hochbegabten Kindern. Tendenziell bedeutet mehr Streit auch mehr Belastung.

Häufiger Streit mit dem Partner

Familien, bei denen die Eltern häufiger streiten, sind höher belastet (mittlerer Rang = 26,96, niedrige Werte stehen für mehr Streit), Mann-Whitney-U-Test: z = -1,979, p = 0,048) als bei Eltern die weniger streiten (mittlerer Rang = 36,16). Die Effektstärke beträgt r=0,26, und liegt damit im unteren (Cohen 1992) bzw. mittleren bis hohen (Gignac et al. 2016) Bereich. Häufiger Streit der Ehepartner hat einen Einfluss auf die Belastung in Familien mit hochbegabten Kindern. Tendenziell bedeutet mehr Streit auch mehr Belastung.

Diskussion

Wie bei den meisten Studien zum Thema Hochbegabung, war die Auswahl einer geeigneten Stichprobe eine große Herausforderung und gleichzeitig auch eine Grundsatzfrage. Der optimale Ansatz, zur Gewinnung einer unselektierten Stichprobe, wäre die Befragung von Familien ohne Selektion auf das Vorhandensein eines hochbegabten Kindes, und erst im zweiten Schritt, durch Ermittlung der IQ Werte, die endgültige Stichprobe einzugrenzen. Aufgrund der zu erwartenden Seltenheit der Hochbegabten (ca. 1-2% der Gesamtbevölkerung) wäre dafür eine sehr große Anzahl von Befragungen nötig gewesen, was im Rahmen dieser Studie nicht leistbar war.

Die Alternative war die Rekrutierung aus einem Umfeld, bei dem von Hochbegabung ausgegangen werden konnte. Die Mitglieder von MENSA erfüllten dieses Kriterium. Erwartungsgemäß zeigte die Stichprobe einige Besonderheiten, die in einer nicht-vorselektierten Stichprobe wahrscheinlich nicht aufgetreten wären.

So war der Bildungsstand der Eltern außerordentlich hoch. Sowohl bei Mutter als auch beim anderen Elternteil war überdurchschnittlich häufig ein Studium oder sogar eine Promotion vorhanden. Auch andere sozioökonomische Faktoren zeigen Ausprägungen, die man nach dem Forschungsstand erwarten konnte.

196

Bei den Familieneinkommen lagen die meisten teilnehmenden Familien im oberen Bereich. Auch wohnten überdurchschnittliche viele Familien in einem eigenen Haus statt zur Miete. Die These, das Hochbegabung häufig im Umfeld eines hohen sozioökonomischen Status diagnostiziert wird, scheint sich also zu bestätigen.

Ähnliches zeigt sich auch bei der Betrachtung des IQ der Eltern. Wie bereits angeführt, heiraten Hochbegabte oft untereinander. Da sich Intelligenz zumindest zum Teil vererbt, ist von einer Häufung von hochbegabten Kindern in diesem Kontext auszugehen.

Außerdem bedeutet die Mitgliedschaft der Eltern bei MENSA nicht nur eine Hochbegabung, sondern zeigt auch, dass die Familie sich schon intensiv mit dem Thema IQ beschäftigt hat, oft Aufgrund negativer Erfahrungen im sozialen Kontext. Ob das Stresserleben und Verhalten bei nicht-erkannten Hochbegabten ähnlich ist, kann nicht beantwortet werden.

Überraschend war Einfluss einer abgeschlossenen Berufsausbildung der Mutter auf die Familienbelastung. Da die Studiendaten keinen genauen Aufschluss über das warum geben, kann hier nur spekuliert werden. Möglicherweise stellt das Absolvieren einer Berufsausbildung im beträchtlichen Maß einen Zugewinn an Lebenserfahrung (z.B. Umgang mit Schwierigkeiten, Durchhaltevermögen, Teamarbeit, etc.) dar, was sich möglicherweise im Familienkontext durch eine höhere Belastbarkeit (und damit zu größerer Toleranz gegenüber Belastungsfaktoren) manifestiert. Hier wäre es interessant, einen genaueren Blick auf die (charakterlichen) Eigenschaften die eine Berufsausbildung mit sich bringt, zu werfen.

Ebenfalls unerwartet war der fehlende Einfluss des Zeitaufwandes für Hausaufgaben auf die Belastungsfaktoren. Da von vielen Eltern hochbegabter Kinder anekdotisch über langes Sitzen bei den Hausarbeiten berichtet wird, wurde eigentlich ein signifikantes Ergebnis erwartet. Dies war jedoch nicht der Fall. Eine mögliche Erklärung kann zum Beispiel die Verbreitung von Ganztagsschulen sein, bei denen zu Hause fast gar keine Hausaufgaben mehr gemacht werden müssen. In einer verbesserten Version der Befragung könnte dieser Faktor noch zusätzlich abgefragt werden.

Ebenfalls nicht signifikant war die Variable „Mobbing" – auch hier erwartet man intuitiv ein anderes Ergebnis. Es ist jedoch zu beachten, dass ca. 57% der teilnehmenden Familien keinerlei Probleme mit Mobbing hatten. Möglicherweise würde sich das Ergebnis bei einer größeren Stichprobe doch noch als signifikant erweisen. Weiterhin ist der Begriff Mobbing auch einem Interpretationsspielraum unterworfen. Was für die einen Eltern bereits Mobbing ist, sehen andere noch als übliche Neckerei unter Jugendlichen. Für eine erneute Befragung sollte das Feld Mobbing konkretisiert werden (ggf. Aufteilung in mehrere Items).

Bei der Frage, wie sich das Treffen mit anderen hochbegabten Kindern auf die Familienbelastung auswirkt, bestätigen die Ergebnisse dieser Studie den aktuellen Forschungsstand. Der Kontakt zu anderen Hochbegabten scheint die Familienbelastung zu verringern. Offenbar hat ein gelegentliches „unter Gleichen" sein, eine modulierende Wirkung auf Familienbelastungen. Dies spricht für spezielle (außerschulische) Angebote für hochbegabte Kinder. Allerdings ist auch hier wieder der Faktor „vorselektierte Stichprobe" zu beachten. MENSA Mitglieder – oder andere organisierte Hochbegabte – verhalten sich möglicherweise anders, als unerkannte Hochbegabte. Die Frage, ob es auch für unerkannte Hochbegabte hilfreich wäre, oder ob diese den Kontakt überhaupt suchen würden, kann hier nicht beantwortet werden.

Das Ergebnis, dass ein häufiger Streit mit Kind oder dem Partner zu einer höheren Familienbelastung führt, erscheint zunächst trivial. Der interessante Aspekt dabei ist jedoch, dass diese Items nur indirekt mit dem Thema Hochbegabung zusammen hängen. Viel spricht dafür, dass es gerade der Umgang der Eltern mit dem Thema ist, der das Problem erzeugt. Auch bei der Frage nach Schuldgefühlen der Eltern gegenüber weiteren, nicht hochbegabten Kindern, die eventuell benachteiligt werden, liegt das Problem wahrscheinlich weniger bei der Hochbegabung als solches, sondern vielmehr im Umgang der Eltern mit dem Thema. Diese Fragen sind besonders bei der Konzeption von Hilfsprogrammen für Familien mit Hochbegabung von großer Bedeutung. Möglicherweise wäre ein Training in Erziehungskonzepten, Kommunikation oder Paarberatung wichtiger, als z.B. ein Konzentrationstraining mit dem Kind. Weiterhin wäre es hier sinnvoll, verstärkt die Rolle von Labeling-Effekten zu untersuchen.

Signifikant weniger belastet waren auch die Familien, bei denen das Kind ein Instrument lernt oder Mitglied in einem Sportverein ist. Die vorhandenen Daten erlauben allerdings nur Spekulationen über die Ursachen. Am einfachsten wäre die Erklärung, dass schlicht durch die Zeit die das Kind mit Vereinsaktivitäten oder Üben verbringt, eine Entzerrung entsteht und die Eltern mehr Zeit zum „durchatmen" haben. Allerdings ist zu beachten, dass beide Szenarien eine komplexe soziale Interaktion und Disziplin voraussetzen. Man könnte z.B. auch annehmen, dass die Disziplin, das Durchhaltevermögen und die soziale Kompetenz, die das Kind bei beiden Freizeitgestaltungen aufwenden muss, sich auch positiv im Familienkontext bzw. Peer Group und Schule bemerkbar machen. Es ist allerdings auch möglich, dass diese beiden Items völlig ohne Bezug zu einer Hochbegabung positive Wirkung auf Kinder haben. Es wäre demnach interessant zu klären, ob ähnliche Effekte auch bei nicht hochbegabten Kindern auftreten.

Leider kann die Studie durch die vorselektierte Stichprobe wenig zum Disput zwischen Harmonie- vs. Disharmonyhypothese beitragen. Die Mitgliedschaft bei MENSA spricht dafür, dass es schon eine intensive Auseinandersetzung mit dem Thema Hochbegabung gab, möglicherweise beeinflusst von der aktuellen Ratgeberliteratur, die sehr häufig eher eine Disharmoniehypothese vertritt. Dies kann bei Hochbegabten dazu führen, dass schlicht erwartet wird, dass es zu Problemen kommt – die dann auch Eintreten (self fullfilling prophecy).

Insgesamt zeigt die Stichprobe auch ein sehr konservatives Familienbild. Die Mutter erzieht die Kinder, der Mann geht Vollzeit arbeiten – bei den teilnehmenden Familien nahezu ausschließlich der Fall. Hier wäre der Einschluss von weiteren, moderneren Familienmodellen wünschenswert. Besonders die Rolle des Vaters wird von der vorliegenden Studie nur unzureichend beleuchtet. Es gab in der Stichprobe überhaupt keine erziehenden Väter. Außerdem stellt das EBI keine Normtabelle für Väter zur Verfügung.

Die Ergebnisse des EBI, insbesondere dessen Normung, kann auch hinterfragt werden. Nicht nur, dass es zu massiven Deckeneffekten beim Gesamtscore kam, es wurden auch ca. 2/3 der Familien als „überlastet" bewertet. Selbst bei einer kleinen zufällig ausgewählten Kontrollgruppe mit n= 31 (ohne hochbegabte Kinder), waren ca. 50% nach dem EBI überlastet. Offenbar ist es schwierig, in einer Stichprobe eine Normalverteilung der Belastung zu erreichen oder Familien in Deutschland sind tatsächlich mindestens zur Hälfte überlastet. Eine bedrückende Vorstellung. Möglicherweise wäre es sinnvoll, bei einer erneuten Studie auf ein anderes Testinstrument zur Ermittlung der Familienbelastung auszuweichen.

Es zeigt sich, dass viele der signifikanten Items nicht unbedingt direkt mit einer Hochbegabung in Verbindung stehen müssen. Die Ergebnisse sprechen in Teilbereichen dafür, dass es weniger die Hochbegabung als solches ist, sondern der Umgang der Erwachsenen mit dem Thema, der Belastungen schafft. Insofern sind Trainings für Eltern sinnvoll – allerdings nur, wenn nicht auf die Disharmoniehypothese fokussiert wird. Normalität ist wichtig. Für Kinder. Auch für Hochbegabte.

LITERATURVERZEICHNIS

Abidin, R. R. (1983). Parenting Stress Index manual. Charlottesville, VA: Pediatric Psychology Press.

Ackerman, P. L., Heggstad, E. D. (1997). Intelligence, personality and interests: Evidence for overlapping traits. Psycholgical Bulletin, 121, 219-245.

Ahnert, J., Schneider, W., Bös, Klaus (2008). Entwicklung motorischer Fähigkeiten vom Vorschul- bis ins frühe Erwachsenenalter. In Schneider, W. (Hrsg.) 2008, 23-42, Entwicklung von der Kindheit bis zum Erwachsenenalter – Befunde der Münchner Längsschnittstudie LOGIK, Weinheim: Beltz

Albert, R. S. (1971). Cognitive development and parental loss among the gifted, the exceptionally gifted and the creative. Psychological Reports 29, S. 19-26.

Albert, R. S. (1980). Exceptionally gifted boys and their parents. Gifted Child Quarterly, 24, 174-179

Altman, R. (1983). Social-emotional development of gifted children and adolescents: A research model. Roeper Review 6, S. 65-68.

Aron, E. N., Aron, A. (1997). Sensory-processing sensitivity and ist relation to introversion and emotionality. Journal of Perdsonality and Social Psychology, 73, 345 – 368.

Arnold, D. (2001). Wie Kinder mit vermuteter Hochbegabung und deren Eltern ihre Familien wahrnehmen. Unveröffentlichte Diplomarbeit, Ludwig-Maximilians-Universität München.

Arnold, D., (2011). KLIKK – Ein Training für Eltern hochbegabter Kinder. Göttingen: Hogrefe.

Asperger, H. (1982). Schwierigkeiten Hochbegabter. In Asperger, H., Wurst, F. (Hrsg.). Psychotherapie und Heilpädagogik bei Kindern. München: Urban & Schwarzenberg, 242-248.

Austin, A, B., Draper, D. C. (1981). Peer relationsships of the academically gifted: A review. Gifted Child Quarterly, 25, 129-133

Bamberger, G. G. (2001). Lösungsorientierte Beratung (2., völlig neu bearbeitete und erweiterte Auflage). Weinheim: Psychologie Verlags Union.

Barbe, W. B. (1956). A study of the family background of the gifted. Journal of Education Psychology, 47, 302-309

Barrett, H. O. (1957). An intensive study of 32 gifted children. Personnel and Guidance Journal, 192-194.

Baudson, T. G. (2010). Hochbegabung und Asperger-Autismus. In C. Koop, I. Schenker, G. Müller, S. Welzien u. Karg-Stiftung (Hrsg.), Begabung wagen (S. 237-243), Weimar: das netz.

Baum, S. M., Olenchak, F. R. (2002). The alphabet children: GT, ADD/ADHD and more. Exceptionality 10(2), S. 77-91.

Begabungen gefragt! Needed The Gifted! Offizieller Konferenzbericht, Europäische Konferenz „Begabungen gefragt! Needed – The Gifted! Salzburg, 26.-28.9.1988. Salzburg: Landesschulrat, 86-92

Belmont, L., Marolla, F. A. (1973). Birth order, family size and intelligence. Science, 182, 1096-1101

Bene, E, Anthony, E. J. (1978). Manual for the children's version of the family relations test. Revised by. Dr. Bene, Windsor: England: The NFER-Nelson Publishing

Bloom, B. S. (1985), Developing talent in young people. New York: Ballantine Books.

Bloom, B. S. (1985). Generalisation about talent development. In B. S. Bloom & L. A. Sosniak (Eds.), Developing talent in young people (pp. 507-579). New York: Ballantine Books.

Bradley, R. H. (1968). Birth order and school-related behavior: A heuristic review. Psychological Bulletin, 70, 45-51.

Brettschneider, W.D. & Naul, R. (2007): Obesity in Europe. Young people`s physical activity and sedentary lifestyles. In: Dies. (Hrsg.) Obesity in Europe. Young people`s physcial activity and sedentary lifestyles (S.7-26). Frankfurt/M. u.a. : Lang.

Benbow, C. P. & Stanley, J. C. (1980/81). Intellectually talented students: Family profiles. Gifted Child Quarterly, 24(3), 119-122.

Belmont, L., Marolla, F. A. (1973). Birth order, family size and intelligence. Science, 182, 1096-1101

Björklung, D. F., Schneider., W. (2006). Ursprung, Veränderbarkeit und Stabilität der Intelligenz im Kindesalter. In W. Schneider, B. Sodian (Hrsg.). Kognitive Entwicklung (Enzyklopedie der Psychologie, Serie V: Entwicklungspsychologie, Bd. 2) (S. 770-823). Göttingen

Blitz, E. (1998). Der Zusammenhang zwischen kindlichen Schlafstörungen und elterlichem Stress. Unveröffentlichte Diplomarbeit, Universität Bielefeld.

Bloom, B. S. (1985), Developing talent in young people. New York: Ballantine Books.

Bouchet, N. & Falk, F. R. (2001). The Relationship Among Giftedness, Gender and Overexcitability. Gifted Child Quarterly, 45 (4), 260-267.

Bös, K. (2003). Motorische Leistungsfähigkeit von Kindern und Jugendlichen. In W. Schmidt, I. Hartmann-Tews, W.-D. Brettschneider (Hrsg.), Erster Deutscher Kinder- und Jugendsportbericht (S. 85 – 107). Schorndorf: Hofmann

Brackmann, A. (2007). *Ganz normal hochbegabt – Leben als hochbegabter Erwachsener.* Stuttgart: Klett-Cotta Verlag

Bradley, R. H. (1968). *Birth order and school-related behavior: A heuristic review.* Psychological Bulletin, 70, 45-51.

Breland, H. M. (1974). *Birth order, family configuration and verbal achievement.* Child development, 45, 1011-1019

Bridges, S. (1973). *IQ-150.* London: Priory Press.

Brink, R. E. (1982). *The gifted preschool child.* Pediatric Nursing 9, S. 299-302.

Brody, L. E., Benow, C. P. (1986). *Social and emotional adjustment of adolescents extremely talented in verbal or mathematical reasoning.* Journal of Youth and Adolescence 15, S. 1-18.

Brunner, E.J., Huber, G.L. (1989). *Interaktion und Erziehung.* München: PVU

Burks, B. S., Jensen, D. W., Terman, L. M. (1930). *Genetic studies of genius. III: The promise of youth.* Stanford: Stanford University Press.

Bundesministerium für Bildung und Wissenschaft (1991). *Begabte Kinder finden und fördern. Ein Ratgeber für Eltern und Lehrer.* Bonn: Referat für Presse- u. Öffentlichkeitsarbeit.

Carrington, N. (1996). *I'm gifted, is that ok? The social rules of being gifted in Australia.* Gifted and Talented International, 11, 11-15

Carroll, J. B. (2003). *The higher-stratum structure of cognitive abilities: Current evidence supports g and about ten broad factors.* In H. Nyborg (Ed,), *The scientific study of general intelligence: A Tribute to Arthur R. Jensen* (pp.5-21). Amsterdam: Pergamon.
Cheney, A.B. (1962). *Parents view their intellectually gifted children.* Peabody Journal of Education, 40, 98-101.

Cillessen, A.H.N. (1992). *Children's problems caused by consistent rejection in early elementary school.* Vortrag anlässlich der 99.

Jahresversammlung der American Psychological Association, Washington, 16-20 August 1992

Clasen, D. R. u. Clasen, R. E. (2003). Mentoring the gifted and talented. In N. Colangelo u. G. A. Davis (Eds.) (2003), Handbook of gifted education (3rd ed., pp. 254 – 267). Boston: Allyn & Bacon.

Cohen, J., 1992, Statistical Power Analysis in Current Directions in Psychological Science, Vol1, Issue 3, pp. 98-101

Colangelo, N., Brower, P. (1987). Labeling gifted youngsters: Long-term impact on families. Gifted Child Quarterly 31, S. 75-78

Coleman, J. C. (1980). Friendship and the peer group in adolescence. In Adelson. J. (Ed.), Handbook of adolescent psychology, Ney York: Wiley, 408-431

Cornell, D. G. (1983). Gifted children: The impact of positive labeling on the family system. American Journal of Orthopsychiatry, 53, 322-335

Cornell, D. G. (1984). Families of gifted children. Ann Arbor: UMI Research Press.

Cornell, D. G. & Grossberg, I. W. (1987). Family Environment and Personality Adjustment in Gifted Program Children. Gifted Child Quarterly, 31 (2), 59-64.

Cramon, B. (1995). The Coincidence of Attention-Deficit/Hyperactivity Disorder and Creativity (RBDM 9508). Torrs CT: University of Connecticut, The National Research Center on the Gifted and Talented.

Cox, R.L. (1981). Personal, physical, and family traits of gifted children. In Miller, B.S., Puce, M. (Eds.). The gifted child, the family and the community. New York: Walter, 107-113.

Cronbach, L. (1970). Essentials of Psychological Testing. New York: Harper & Row.

Cross, T. L. (2004). The rage of gifted students. In: T. Cross (Hrsg.), On the social and emotional lives of gifted children Issues and factors in their psychological development. Waco: Prufrock Press, S. 109-114

Czeschlik, T., Rost, D. H. (1988). Hochbegabte und ihre Peers. Zeitschrift für Pädagogische Psychologie, 2, 1-23

Dabrowski, K. (1964). Positive Disintegration, Boston: Little Brown.Dahme, G. (1996). Teachers' conceptions of gifted students in Indonesia (Java), Germany and USA. 5. Konferenz des European Council for High Ability, Vienna

Delisle, J. R. (1986). Death with honours: Suicide among gifted adolescents. Journal of Counseling and Development 64, S. 558-560

Dewing, K. (1970). Family influences on creativity; A review and discussion. The Journal of Special Education, 4, 399-404.

DeYoung, C. G. (2011). Intelligence and personality. In R. J. Sternberg u. S. B. Kaufman (Hrsg.), The Cambridge handbook of intelligence (S. 711-737). Cambringe: Cambridge University Press.

Dirkes, M. A. (1983). Anxiety in the gifted; Pluses and minuses. Roeper Review 6, S. 68-70

Dodrill, C. B. (1997). Myths of neuropsychology. The Clinical Neuropsychologist 11, S. 1-17.

Dollase, R. (1998). Soziometrie. In Rost, D. H (Ed.): Handwörterbuch Pädagogische Psychologie Weinheim: Psychologie Verlags Union, 488 – 492.

Domsch. H., Lohaus, A.(2010). ESF – Elternstressfragebogen, Göttingen: Hogrefe Verlag

Dordel, S. (2000). Kindheit heute: Veränderte Lebensbedingungen = reduzierte motorische Leistungsfähigkeit? Sportunterricht, 49 (11), 341-349

Dowdall, C. B., Colngelo, N. (1982). Underachieving gifted students: Review and implications. Gifted Children quarterly, 26 (4), 179-184

DuBois, D. L., Portillo, N., Rhodes, J. E., Silverthorn, N., Valentine, J. C. (2011). How effective are mentoring programa for youth? A systematic assessment of the evidence. Psychological Science in the Public Interest, 12, 57-91.

Eckerle A., Eckerle T. (2009) Hochbegabte Problemkinder. In Seibt, H., Nagel, P. (Hrsg), Praxis der Arbeit mit Hochbegabten (S. 37-50).Berlin: LIT Verlag Dr. W. Hopf.

Elbing, E. (2000). Hochbegabte Kinder – Strategien für die Elternberatung. München: Reinhardt.

Ericson, K. A. & Charness, N. (1994). Expert performance: Its structure and aquisition, American Psychologist, 49, 725-747.

Erikson, E. H. (1968). Identity: Youth and crisis. London: Faber.

Feldhusen, J. F., Jarwan, F. A. (1993) Identification of gifted and talented youth for education programs. In Heller, K. A., Mönks, F.J., Passow, A. H. (Hrsg.) International Handbook of Research and Development of Giftedness and Talent. S. 512-527. Oxford: Pergamon

Fend, H. (1998). Eltern und Freunde. Soziale Entwicklung im Jugendalter. Entwicklungspsychologie der Moderne, Bd. V. Bern: Huber.

Florsheim, P., Sumida, E., McCann, C., Winstanley, M., Fukui, R., Seefeldt, T., Moore, D. (2003). The transition to parenthood among young African American and Latino couples: relational predictors of risk for parental dysfunction. J Fam Psychol. Mar;17(1):65-79.

Frahm, S. (2001). Familiäre Lebensqualität bei Müttern mit einem epilepsiekranken Kind. Eine Studie zum psychosozialen Anpassungsprozess von Familien an eine chronische Erkrankung. Unveröffentlichte Diplomarbeit, Universität Bielefeld.

Freeman, J. (1982). Ist hohe Intelligenz ein Handicap? In Urban, K.K. (Hrsg.) Hochbegabte Kinder. Psychologische, pädagogische, psychiatrische und soziologische Aspekte. Heidelberg: Schindele, 123-130

Freeman, J. (1979). Gifted children. Their identification and development in a social context. Lancaster: MTP Press.

Freeman. J. (2000). Families: the essential context for gifts and talents. In Heller, K. A., In Urban, K. K. (Hrsg.). Hochbegabte Kinder. Heidelberg: Schindele, 123-130

Freeman. J. (2000). Families: the essential context for gifts and talents. In Heller, K. A., Mönks, F. J., Sternberg, R. J., Subotnik, R.F. (Eds.). International handbook of giftedness and talent (2nd ed). Amsterdam: Elsevier, 573-585

Frierson, E.C. (1965). Upper and lower status gifted children: a study of differences. Exceptional Children, 32 (2), 83-90.

Funke, J.(2006). Alfred Binet (1857 bis 1911) und der erste Intelligenztest der Welt. In: Georg Lamberti (Hrsg.): Intelligenz auf dem Prüfstand. 100 Jahre Psychometrie. S. 23–40, Vandenhoeck & Ruprecht, Göttingen 2006

Gagnè, F. (2004). Transforming gifts into talents: the DMGT as a developmental theory. High Ability Studies, 15, 129-147

Gagné, F. (2005). From noncompetence to exceptional talent: Exploring the range of academic achievement within and between the grade levels. Gifted Child Quarterly 49, 139-153.

Gallagher, S. A. (1986). A comparision of the concept of overexcitabilities with measures of creativity and school achievement in sixth grade students. Roeper Review, 8, 115-119

Geary, D. C. (2000) Evolution and proximate expression of human parental investment, Psychological Bulletin 126, Seite 55–77

Gerster, P. & Nürnberger, C. (2004). Der Erziehungsnotstand – wie wir die Zukunft unserer Kinder retten (2. Auflage). Reinbeck bei Hamburg: Rowohlt Taschenbuch Verlag.

Gignac,G.E., Szodorai, E.T (2016). Effect size guidelines for individual differences researchers. In: Personality and Individual Differences. 102, 2016, S. 74–78

Gosch, A. (2001). Mütterliche Belastung bei Kindern mit Williams-Beuren-Syndrom, Down-Syndrom, geistiger Behinderung nichtsyndromaler Ätiologie im Vergleich zu der nichtbehinderter Kinder. Zeitschrift für Kinder und Jugendpsychiatrie und Psychotherapie, 29, 285-295.

Gottfried, A. W., Gottfried, A. E., Bathurst, K. & Guerin, D. A. (1994), Gifted IQ: Early developmental aspects. New York: Plenum

Gowan. J. C. (1957). Dynamics of the underachievement of gifted students. Exceptional Children, 98-101. 122.

Grobel, A. (1990). Hochbegabung in Familien. Eine Untersuchung über Beziehungen zwischen Eltern und ihren hochbegabten Kindern. (Berichte zur Erziehungstherapie und Eingliederungshilfe, 54). München: Minerva.

Gross, M. U. (1989). The pursuit of excellence or the search for intimacy= The forced-choice dilemma of gifted youth. Roeper Review, 11, 189-194

Gross, M. U. M. (2004). Exceptionally gifted children (2nd ed.). London: Routeledge-Falmer.

Gross, M. U. M. (2009). Highly gifted young people: Development from childhood to adulthood. In L. Shavinia (Ed.), International handbook on giftednesds (pp. 337-352). New York: Springer.

Guilford, J. P. (1985). The structure-of-intellect model, In B. B. Wolman (Ed.), Handbookk of intelligence: Theories, measurements and applications (pp. 225 – 266). New York: Wiley

Hackney, H. (1981). The gifted child, the family and the school. Gifted Child quarterly, 25, 51-54.

Hanses, P. & Rost, D.H. (1998). Das Drama der hochbegabten Underachiever. „Gewöhnliche" oder „außergewöhnliche" Underachiever? Zeitschrift für Pädagogische Psychologie, 12, 53-71.

Hartnett, D. N., Nelson, J. M., Rinn, A. N. (2004). Gifted or ADD/ADHD? The possibilities of misdiagnosis. Roeper Review 26(2). S. 73-76.

Hartup, W. W. (1983). Peer relations. In Hetherington, E. M. (Ed.). Socialization, personality and social development. Handbook of child psychology Vol. 4. New York: Wiley, 103-196

Hayes, R. F., Bonzaft, A. L. (1979). Birth order and related variables in an academically elite sample. Journal of Individual Psychology, 35, 214-224

Hayes, M. L., Sloat, R. S. (1989). Gifted students at risk for suicide. Roeper Review 12(2), S. 1,2,17.

Heller, K. A. (Hrsg.). (2001). Hochbegabung im Kindes- und Jugendalter (2., überarbeitete und erweiterte Auflage). Göttingen: Hogrefe

Heller, K. A., Perleth, C., Lim, T. L. (2005) The Munich Model of Giftedness designed to identify and promote gifted students. In Sternberg, R. J., Davidson, J. E. (Hrsg.) Conceptions of Giftedness. S. 147 – 170. Cambridge: Cambrige University Press Gardner, H. G. (1983). Frames of mind: A theory of multiple inteligences. Ney York: Basic Books.

Herrnstein, R. J., Murray, C. (1994). The bell curve. Intelligence and class structure in American life. New York: Free Press

Hinse, M. (2001). Die Bedeutung der Funktionsfähigkeit der Familie für die Belastung von Müttern mit behinderten Kindern. Unveröffentlichte Diplomarbeit, Universität Bielefeld.

Hoberg, K. u. Rost. D.H. (2009). Interessen. In D. H. Rost (Hrsg), Hochbegabte und hochleistende Jugendliche (2. Erweiterte Auflage, S. 339 - 365). Münster: Waxmann.

Hofstätter, P. R. (1954). The changing composition of „intelligence": A study in T-technique. The Journal of Genetic Psychology, 85, 159 – 164

Hollingworth, L. S. (1926). Gifted children: Their nature and nurture. New York: Macmillan

Holllingworth, L. S. (1942). Children above 180 IQ (Stanford-Binet): Origin and development. Yonkers-onHudson, NY: World Book Company.

Hollingworth, L. S. (1975). Children Above 180 IQ Stanford-Binet: Origin and Development. Ney York: Arno Press

Holmes, F.B. (1962). A study of the psychological , emotional, and intellectual facts associated with academic underachievement. The Independent School Bulletin, 54-59.

Horn. J. L., Cattell, R. B. (1966). Refinement and test of the theory of fluid and crystallized general intelligences. Journal of Educational Psychology, 57, 253-270.

Hossiep, R., Turck, D., Hasella, M. (1999). BOMAT-advanced – Bochumer Matrixentest. Handanweisungen. Göttingen: Hogrefe

Huber, G.L., Mandl, H. (1980). Kognitive Sozialisation. In Hurrelmann, K., Ulich, D. (Hrsg.). Handbuch der Sozialisationsforschung. Weinheim: Beltz, 631-648.

Huppmann, B. (2009) Hochbegabte Problemkinder. In Seibt, H., Nagel, P. (Hrsg), Praxis der Arbeit mit Hochbegabten (S. 251-257).Berlin: LIT Verlag Dr. W. Hopf. Gordon, T. (1989) Familienkonferenz. München: Heyne Verlag.

Hüther, G. Hauser, U. (2012). Jedes Kind ist hoch begabt – Die angeborenen Talente unserer Kinder und wa wir aus ihnen machen. München: Albrecht Knaus Verlag.

Hymel, S. 1990. Children's peer relationships: Longitudinal predication of internalizing and externalizing problems from middle to late childhood. Child Development 61(6), S. 2004-2021

Janos, P. M., Fung, C. F. & Robinson, N. M. (1985). Self-concept, self-esteem and peer-realtions among gifted children who feel different. Gifted Child Quarterly, 29 (2), 78-82. Freeman, J. (1979) Gifted children. Their identification and development in a social context. Lancaster: MTP Press.

Janos, P. M., Robinson, N. M. (1985). Psychosocial development in intellextually gifted children. In: F. D. Horowitz u. M. O'Brien (Hrsg.), The Gifted and Talented: Developmental Perspectives. Washington: American Psychological Association, S. 149-196

Kaiser, C. F., Berndt, D. J. (1985). Predictors of loneliness in the gifted adolescent. Gifted Child Quarterly 29(2), S.74-77

Kaplan, L. (1983). Mistakes gifted young people too often make. Roeper Review 6, S. 73-77.

Karnes, M.B., McCoy, C., Zehrbach, R. (1961). Factors associated with underachievement and overachievement of intellectually gifted children. Exceptional Children, 25, 167-175.

Karnes, F. A., & Wherry, J. N. (1983). CPQ personality factors of upper elementary gifted students: Journal of Personality Assessment Vol 47(3) Jun 1983, 303-304.

Karnes, M. B., Johnson, L. J. (1986). Identification and assessment of gifted/talented handicapped and non-handicapped children in early childhood: Special Issue: Intellectual giftedness in young children: Recognition and development. Journal of Children in Contemporary Society 18 (3-4), S. 35-54.

Keirouz, K. S. (1990). Concerns of parents of gifted children: A research review. Gifted Child Quarterly, 34, 56 – 62.

Kerr, B. A., Cohn, S. J. (2001). Smart Boys: Giftedness, Manhood and the Search for Meaning, Scotsdale: Great Potential Press.

Killian, J. (1983). Personality characteristics of intellectually gifted secondary students. Roeper Review, 5, 39-42

Kirkendal, D. R., Ismail, A. H. (1970). The ability of personality variables in discriminating among three intellectual groups of preadolescent boys and girls. Child Development, 41, 1173 – 1181.

Klein, A. (2002). A Forgotten Voice: A Biography of Leta Stetter Holingworth. Scottsdale: Great Potential Press

Kolasse, L. T., Elbert, T. (2007). Structural and functional neuropkasticity in relation to traumatic stress, Current Directions in Psychological Science, 16, 321 – 325.

Kovaltchouk, O.L. (1998). Hochbegabte Jugendliche und ihre Peer-Beziehungen. Regensburg: Roderer.

Krefting, E. (2001). Krankheitsbewältigung von Müttern mit Epilepsiekranken Kindern. Unveröffentlichte Diplomarbeit, Universität Bielefeld.

Largo, R. H. (2000). Kinderjahre – Die Individualität des Kindes als erzieherische Herausforderung. München: Piper Verlag.

Lawler, B. (2000). Gifted or ADHD: Misdiagnosis? Understanding Our Gifted 13(19), S. 16-18
Lazarus, R. S. (1966). Psychological stress and the coping process. New York: McGraw-Hill.Linderkamp, F. (2002). Katamnestische Untersuchung zu einem Selbstinstruktionstraining mit aufmerksamkeitsgestörten Kindern. Verhaltenstherapie und Verhaltensmedizin, 23, 53-73.

Leikas, S., Mäkinen, S., Lönnqvist, J.-E., Verkasalo, M. (2009). Cognitive ability x emotional stability interactions on adjustment. European Journal of Personality, 23, 329-342.

Lewis, M., Rosenblum, L. A. (1975). Friendship and peer relations. New York: Wiley

Liehmann-Walther, A. (2009) Hochbegabt – was nun? Was Eltern in der ersten Konfrontation mit dem Thema besonders beschäftigt. In

Seibt, H., Nagel, P. (Hrsg), Praxis der Arbeit mit Hochbegabten (S. 29-33).Berlin: LIT Verlag Dr. W. Hopf.

Lienert, G.A., Raatz, U. (1998). Testaufbau und Testanalyse. (6. Auflage. Weinheim: Beltz PVU.

Lombroso, C. (1987). Genie und Irrsinn in ihren Beziehungen zum Gesetz, zur Kritik und zur Geschichte Leipzig: Reclam Verlag

Lovecky, D. (2004). Different Minds: Gifted Children with ADD/ADHD, Asperger Syndrome and other Learning Deficits. New York: Jessica Kingsley.

Lubinski, D., Webb, R. M., Morelock, M. J. Benbow, C. P. (2001). Top 1 in 10.000: A 10-year follow up of the profoundly gifted. Journal of Applied Psychology, 86, 718-729.

Matthews, F. N., West, J. D., Hosie, T. W. (1986). Understanding families of academically gifted children. Roeper Review, 9, 40-42

Manaster, G. J., Powell, P. M. (1983). A framework for understanding gifted adolescents maladjustment, Roeper review, 70-73

Mandell, D. S. Thompson, W. W., Weintraub, E. S., DeStefano, F., Blank, M. B. (2005). Trends in diagnosis rates for autism and ADHD at hospital discharge in teh context of other psychiatric diagnoses. Psychiatric Services, 56, 56-62.

Marland, S. (1972). Education oft he Gifted and Talented. U.S. Commision of Education, 92nd Congress, 2nd Session. Washington: USCPO.

Mathews, F. N., West, J. D., Hosie, T. W. (1986). Understanding families of academically gifted children. Roeper Review, 9, 40-42.

Maxwell, B. (1998). Diagnosis questions. Highly Gifted Children 12, S. 1-2

May, K. M. (1994). A developmental view of a gifted child's social and emotional adjustment. Roeper Review, 17, 105-109

May, R. (1999). Mütterliche und väterliche Belastung und die Beziehungen in Familien mit verhaltensauffälligen Kindern. Unveröffentlichte Diplomarbeit, Universität Bielefeld.

McCall, R. B., Evahn, C. Kratzer, L. (1992). High School underachivevers. Newbury Park: Sage.

McGrew, K. S. (2009). CHC theory and the human cognitive abilities project: Standing on the shoulders of the giants of psychometric intelligence research. Intelligence, 37, 1-10

McMann, N., Oliver, R. (1985). Problems in families with gifted children: Implications for counsellors. Journal of Consulting and Development, 66, 275-278

Meckstroth, E. (1992). Paradigm shifts into giftedness. Roeper Review, 15, 275-278

Wittmann, A. J., Holling, H. (2001). Hochbegabtenberatung in der Praxis. Göttingen: Hogrefe

Merg, V. (1999). Unterstützungsbedürfnisse und Belastung in Familien mit einem epilepsiekranken Kind. Unveröffentlichte Diplomarbeit, Universität Bielefeld.

Metha, A., McWhirter, E. H. (1997). Suicide ideation, depression and stressful life events among gifted adolescents. Journal of the Education of the Gifted, 20, 284 – 304.

Miller, A. (1979). Das Drama des begabten Kindes und die Suche nach dem wahren Selbst. Frankfurt am Main: Suhrkamp.

Miller, N.B., Silvermann, L. K. & Falk, R. F. (1994). Emotional development, intellectual ability and gender. Journal for the education of the gifted, 18, 20-38.

Minuchin, P. (1985). Families and individual development: Provocations from the field of family therapiy. Child Development, 56, 289 – 302.

Mönks, F. J. (1985). Hoogbegaafden: Een situatueschets. In Mönks, F. J., Span, P. (red.) Hoogbegaafden in de samenleving. Nijmegen: Dekker & van der Vegt, 17-23

Mönks, F. J. (1995). Hochbegabung – ein Mehrfaktorenmodell. S. 15-18. Grundschule 28Majoribanks, K. (1972). Environment, social class and metal abilities. Journal of Educational Psychology, 63, 103-109

Moos, R. H., Moos, B. S. (1981) Family Environment Scale. In Fredman, N. u. Sherman, R. Handbook of Measurements for Marriage and Family Therapy (S. 82 – 93) Oxford: Brunner-Routledge

Morrow, W. R., Wilson, R. C. (1961). Family relations of bright high-achieving and under-achieving high school boys. Child Development, 32, 501-510

Neihart, M. (1999). The impact of giftedness on psychological well-beeing: What does the empirical literature say? Roeper Review 22(1), S. 10-17.

Newman. C. J., Dember, C.F., Krug, O. (1973). He can but he won't. Psychoanalytic Study of the Child, 173 (28), 83-129.

Olszewski-Kubilius, P.-M., Kulieke, M. J., Krasney, N. (1988). Personality dimensions of gifted adolescents. Journal of the Education of the Gifted, 20, 284 - 304

Papastefanou, C. (1980). Die Bedeutung der Familie für die kognitive Entwicklung von Kindern. In Paetzold, B., Fried, L. (Hrsg.). Einführung in die Familienpädagogik. Weinheim: Beltz, 165-181.

Papastefanou, C. (2002). Die Erweiterung der Familienbeziehungen und die Geschwisterbeziehung. In M. Hofer, E. Wild & P. Noack (Hrsg.) Lehrbuch Familienbeziehungen. Eltern und Kinder in der Entwicklung (2., vollständig überarbeitete und erweiterte Auflage, S. 192-215). Göttingen: Hogrefe.

Parke, R.D. (1997). A longtitudinal assessment of sociometric stability and the behavioural correlates of children's social acceptance. Merrill-Palmer Quarterly 43(4), S. 635-662.

Parker, W. D., Mills, C. J. (1996). The incidence of perfectionism in gifted students. Gifted Child Quarterly 40(4), S. 194-199.

Peterson, D. C. (1977). The heterogeneously gifted family. Gifted children quarterly, 21 (3), 396-411

Petzold, M., Nickel, H. (1989). Grundlagen und Konzept einer entwicklungspsychologischen Familienforschung. Psychologie in Erziehung und Unterricht, 36, S. 241-257

Piirto, J. (2004). Understanding Creativity. Scottsdale: Great Potential Press.

Plomin, R., Defries, J. C., McClearn, G. E., Rutter, M. (1999). Gene, Umwelt und Verhalten. Bern: Huber

Preckel, F., Holling, H. & Vock, M. (2006). Scholastic underachivevement: Relationship with cognitive motivation, achievement motivation and conscientiousness. Psychology in the Schools, 43, 401-411

Preckel, F., Baudson T. G. (2013). Hochbegabung – Erkennen, Verstehen, Fördern. München: Verlag C.H. Beck

Preuss, L. J. & Dubov, E. F. (2004). A comparison Between Intellectually Gifted and Typical Children in Their Coping Responses to a School and a Peer Stressor. Roeper Review, 26 (2), 105-111.

Ramm et al. (2004) Soziokulturelle Herkunft: Migration. In: PISA 2003: Der Bildungsstand der Jugendlichen in Deutschland – Ergebnisse des zweiten internationalen Vergleichs. , S. 269 - 270. Münster: Waxmann

Rask, H. M. (1999). Familienfunktionen und elterliche Belastung in Familien mit einem epilepsiekranken Kind. Unveröffentlichte Diplomarbeit, Universität Bielefeld.

Reis, S. M. u. McCoach, B. (2000). The underachievement of gifted students: What do we know and where do we go? Gifted Child Quarterly, 44, 152-170.

Renz-Polster, H. (2009) Kinder verstehen. München: Kösel-Verlag

Renzulli, J. S. (1978). What makes giftedness? Reexamining a definition. Phi Delta Kappan, 60, 180-184

Renzulli, J. S. (1986) The tree-ring conception of giftedness: A developmental model for creative productivity. In Sternberg, R. J., Davidson, J. E. (Hrsg.) Conceptions of giftedness, S. 53-92. Cambridge: Cambridge University Press

Rhodes, J. B. (2002). Stand by me: The risks and rewards of mentoring today's youth. Cambridge: Harvard University Press.

Robinson, N. M., Noble, K. D. (1991). Social-emotional development and adjustment of gifted children. In Wang, M. C., Reynoldy, M. C. (Eds.). Handbook of special education: Research and practice, Vol. 4: Emerging programs. Advances in education. Oxford: Pergamon Press, 57-76

Ross, A.O. (1964). Das Sonderkind. Stuttgart: Hippokrates.

Rost, D. H. (1993). Persönlichkeitsmerkmale hochbegabter Kinder. In Rost, D. H. (Hrsg.) Lebensumweltanalyse hochbegabter Kinder, Göttingen: Hogrefe 105-137

Rost, D. H. (Hrsg.) (1993). Lebensumweltanalyse hochbegabter Kinder. Das Marburger Hochbegabtenprojekt. Göttingen: Hogrefe.

Rost, D. H. (Hrsg.) (1993). Lebensumweltanalyse hochbegabter Grundschulkinder. Göttingen: Hogrefe

Rost, D. H., Czeschlik, T. (1994). Beliebt und intelligent? Abgelehnt und dumm? – Eine soziometrische Studie an 6500 Grundschulkindern. Zeitschrift für Sozialpsychologie, 170 – 176. Soziale Erfolge im Bildungswesen – die Bedeutung der sozialen Stellung in der Schulklasse. In Pekrum, R., Fend, H. (Hrsg.). Schule *und Persönlichkeitsentwickung. Ein Resümee der Längsschnittforschung. Stuttgart: Enke, 217 – 238*

Rost, D. H. (Hrsg.) (2009). Pädagogische Psychologie und Entwicklungspsychologie; Bd. 72, Hochbegabte und hochleistende Jugendliche (2. Erweiterte Auflage), Münster: Waxmann Verlag

Rost, D. H. & Albrecht, H. T. (1985). Expensive homes – clever children? On the relationship between giftedness and housing quality. School Psychology International,6, 5-12

Rost, D., H., Czeschlik, T. (1994). The psychological adjustment of gifted children in middle childhood. European Journal of Psychology of Education, 9, 15-25

Rost, D. H., Hanses, P. (1993). Spielzeugbesitz und Spielzeugnutzung bei hochbegabten Kindern. In Rost, D. H. (Hrsg.). Lebensumweltanalyse hochbegabter Kinder. Das Marburger Hochbegabtenprojekt. Göttingen: Hogrefe, 214-235

Russell, B. (1974). Erziehung ohne Dogma – Pädagogische Schriften. München: Nymphenburger Verlagshandlung GmbH

Rutter, M. (1987). Family and school influences on cognitive development. In Hinde, R.A., Perret-Clermont, A.N., Stevenson Hinde, J. (Eds.). Social relationships and cognitive development. Oxford: Clarendon Press, 83-108.

Sauer, J., Gamsjäger, E. (1996). Ist Schulerfolg vorhersagbar? Göttingen:Hogrefe
Bjorklung, D. F., Schneider, W. (2006). Ursprung, Veränderung und Stabilität der Intelligenz im Kindesalter. In W. Schneider, B. Sodian (Hrsg.). Kognitive Entwicklung (Enzyklopedie der Psychologie, Serie V: Entwicklungspsychologie, Bd. 2) (S. 770-823).

Shaw. M. C., Dutton, B. E. (1962). The use of the parent attitude research inventory with the parents of bright academic underachievers. Journal of Educational Psychology, 53 (5), 203-208.

Scheidt, J. (2005). Das Drama der Hochbegabten: zwischen Genie und Leistungsverweigerung. München : Piper Verlag

Schilling, S. R., Sparfeldt, J. R., Rost, D. H. (2009). Familienbeziehungen in Rost, D. H. (Hrsg.) 2009. Pädagogische Psychologie und Entwicklungspsychologie, Band 72, Hochbegabte und hochleistende Jugendliche (2 erw. Auflage), 465 - 480. Marburg, Waxmann.

Schlichting, U. U. (1967). Einige Persönlichkeitszüge von Gymnasiasten mit hoher Testintelligenz. Archiv für die gesamte Psychologie, 120, 125-150

Schlichting, U.U. (1968). Einige Persönlichkeitszüge von Gymnasiasten mit hoher Testintelligenz. Archiv für die gesamte Psychologie, Bd. 120 (2-4), 125-150.

Schmidt, M. H. (1977). Verhaltensstörungen bei Kindern mit hoher Intelligenz. Bern: Huber.

Schmidt, M. H. (1982). Psychische Auffälligkeiten bei Kindern mit sehr hoher Testintelligenz. In Urban, K.-K. (Hrsg.). Hochbegabte Kinder. Psychologische, pädagogische, psychiatrische und soziologische aspekte. Heidelberg: Schindele, 106 – 122.

Schneewind, K. A. (1987). Familienentwicklung. In Oerter, R., Montada, L. (Hrsg.). Entwicklungspsychologie. 2., neu bearbeitete Auflage. München: PVU, S. 971-1014

Schneewind, K. A., (1987). Familienpsychologie: Argumente für eine neue psychologische Disziplin. Zeitschrift für Pädagogische Psychologie, 2, 79-90

Schneewind, K. A. (1994). Erziehung und Sozialisation in der Familie. In Schneewind, K. A. (Hrsg.). Psychologie der Erziehung und Sozialisation. Göttingen: Hogrefe, 435 – 464

Schneewind, K. A., Walper, S., Graf, J. (2000). Sozialisation in der Familie als Quelle individueller Unterscheide. In Amelang, M.

(Hrsg.). Determinanten individueller Unterscheide. Göttingen: Hogrefe, 249 – 343

Schneider, W. (2008). Entwicklung der Intelligenz und des Denkvermögens in Kindheit, Jugend und Erwachsenenalter. In Schneider, W. (Hrsg.) 2008, 43-66, Entwicklung von der Kindheit bis zum Erwachsenenalter – Befunde der Münchner Längsschnittstudie LOGIK, Weinheim: Beltz

Schilling, S. (2009). Peer-Beziehungen. In D. H. Rost (Hrsg), Hochbegabte und hochleistende Jugendliche (2. Erweiterte Auflage, S. 367 – 421). Münster: Waxmann.

Scholwinski, E. Reynoldy, C. (1985). Dimensions of anxiety among high IQ students. Gifted Child Quarterly 29(3), S. 125-130.

Schooler, C. (1972). Birth order effects: Nor here, not now! Psychological Bulletin, 78, 161-175

Schrader, F.-W., Helmke, A. (2008). Selbstvertrauen im Übergang vom Jugend- zum Erwachsenenalter. In Schneider, W. (Hrsg.) 2008, 141-166, Entwicklung von der Kindheit bis zum Erwachsenenalter – Befunde der Münchner Längsschnittstudie LOGIK, Weinheim: Beltz

Schuck, K.D, Schuck, E. (1979). Familiäre Umwelt und kognitive Leistungen im Vorschul- und Schulalter. Zeitschrift für Empirische Pädagogik, 3, 135 – 151

Schütz, C. (2009). Leistungsbezogene Kognitionen. In D. H. Rost (Hrsg), Hochbegabte und hochleistende Jugendliche (2. Erweiterte Auflage, S. 303 – 337). Münster: Waxmann.

Sebring, A.D. (1983). Parental factors in the social and emotional adjustment of the gifted. Roeper Review, 6(2), 97-99

Selye, H. (1936). A Syndrome Produced by Diverse Nocuous Agents. Nature. Band 138, S. 32.

Shaywitz, S. E., Holahan, J. M., Freudenheim, D. A., Fletcher, J. M., Makuch, R. W., Shaywitz, B. A. (2001). Heterogeneity within the gifted: Higher IQ boys exhibit behaviors resembling boys with learning disabilities. Gifted Child Quarterly 45(1), S. 16-23.

Shore, B. M., Cornell, D. G., Robinson, A, Ward, V.S. (1991). Recommended Practices in Gifted Education. Ney York: Teachers College Press.

Shurkin, J. N. (1992). Terman's kids: The groundbreaking study of how the gifted grow up Boston: Little Brown.

Siegler, R., Eisenberg, N., DeLoache, J., Saffran, J. (2005). Entwicklungspsychologie im Kindes- und Jugendalter. Springer Medizin Verlag: Heidelberg

Silverman, L. K. (1991). Family counseling. In: N. Colangelo u. G. Davis (Hrsg.), Handbook of Gifted Education. Boston: Allyn & Bacon, S. 307-320

Silverman, L. K. (1993). Social development, leadership and gender issues. In Silverman, L. K. (Ed.). Counseling the gifted and talented. Denver, Colorado: Love Publishing Company, 291 – 327

Silverman, L. K., (1993). Counseling the Gifted and Talented. Denver: Love.

Silverman, L. K. (1993). Counseling needs and programs for the gifted. In K. A. Heller, F. J. Mönks, R. J. Sternberg & R. F. Subotnik (Eds.), International handbook of giftedness and talent (pp. 631-647). Oxford: Pergamon.

Silverman, L. K. (1998). Through the lens of giftedness. Roeper Review 20, S. 204-210.

Silverman, L. K., (2002). Upside-Down Brilliance: The Visual-Spatial Learner. Denver: DeLeon.

Silverman, L. K. (2002). Asynchronous development. In M. Neihart, S. M. Reis, N. M. Robinson u. S. M. Moon (Eds.), The social and emotional development of gifted children: What do we know? (pp. 31-37). Waco: Prufrock Press.

Stapf, A. (1988). Die Entwicklung hochbegabter Kinder im Vorschul- und Schulalter oder: Warum es für viele Hochbegabte nach der 4. Klasse schon zu spät ist. Grillmayr, B., Hübl, W., Pusch, G. (Hrsg.).

Stapf, A. (2003). Hochbegabte Kinder. München: C. H. Beck.

Sternberg, R. J. (1995). A triarchic approach to giftedness (Research Monograph 95126). The National Research Center on the Gifted and Talented, Storrs

Strop, J (2001). The affective side. Understanding Our Gifted 13(3), S. 23-24.

Süssmuth, R. (1981). Stichwort „Familie". Handlexikon zur Pädagogischen Psychologie. München: Ehrenwirth, 124-129

Spahn, C. (1997). Wenn die Schule versagt: vom Leidensweg hochbegabter Kinder. Asendorf: Mut

Tannenbaum, A. J. (1962). Adolescent attitudes toward academic brilliance. New York: Teachers College, Columbia University.

Terman, L. M. (Ed.) (1925 ff.). Genetic studies of genius (Vol. I-V). Stanford: Stanford University Press.

Terman, L. M., Oden, M. H. (1959). The gifted grows up: Twenty-five years' follow up of a superior group. In Genetic studies of genius; Vol. IV. Stanford, Cal: Stanford University Press. (4. Ed.).

Terrassier, J.C. (1982). Das Asynchronie-Syndrom und der negative Pygmalion-Effekt. In Urban, K.K. (Hrsg.). Hochbegabte Kinder. Psychologische, pädagogische und soziologische Aspekte. Heidelberg: Schindele, 92-97

Tettenborn, A. (1996). Familien mit hochbegabten Kindern. Münster:Waxmann.

Tettenborn, A. (1996). Pädagogische Psychologie und Entwicklungspsychologie: Familien mit hochbegabten Kindern. Bd.1, Münster: Waxmann

Tettenborn-Nebling, A., (1993). Familien mit Hochbegabten. In Ergebnisse der Pädagogischen Psychologie, Band 11 – Lebensumweltanalyse hochbegabter Kinder (S. 34 – 74) von A. Knapp u. D. H. Rost (Hrsg.). Göttingen: Hogrefe

Tettenborn-Nebling, A. (1993). Familien mit hochbegabten Kindern. In Rost, D. H. (Hrsg.). Lebensumweltanalyse hochbegabter Kinder. Das Marburger Hochbegabtenprojekt. Göttingen: Hogrefe, 34 – 74

Trilk, C. (2001). Retest-Untersuchung zur psychosozialen Anpassung von Müttern behinderter Kinder. Unveröffentlichte Diplomarbeit, Universität Bielefeld.

Tröster, H. (1999a). Anforderungen und Belastungen von Müttern mit blinden und sehbehinderten Kindern im Vorschulalter. Heilpädagogische Forschung, 15, 159-173.

Tröster, H. (2001). Sources of stress in mothers of young children with visual impairments. Journal of Visual Impairment and Blindness, 95, 623-637.

Tröster, H., Bersch, M., Ruppert, S., Boenigk, H. E. (2000). Determinanten der Belastung von Müttern mit anfallskranken Kindern. Kindheit und Entwicklung, 9, 50-61.

Tröster, H, Aktas, M. (2003). Die Bedeutung individueller und familiärer Resourcen für die Krankheitsbewältigung von Familien mit neurodermitiskranken Kindern. Zeitschrift für Klinische Psychologie, 32, 286-294

Tröster, H., Opfermann, M, Truxhorn, I. (2005). Bewältigungsstrategien und familiäre Lebensqualität bei Müttern von Kindern mit Epilepsie. Unveröffentlichte Daten.

Tröster, H. (2011). EBI – Eltern-Belastungs-Inventar, Deutsche Version des Parenting Stress Index (PSI) von R. R. Abidin, Göttingen: Hogrefe Verlag

Turkheimer, E., Haley, A., Waldron, M., D'Onofrio, B., Gottesman, I. I., (2003). Socioeconomic status modifies heritability of IQ in young children. Psychological Science, 14, 623-628.

Utzmann, H., Leven, I. (2015). Jugend im Aufbruch – vieles soll stabil bleiben. Albert, M., Hurrelmann, K., Quenzel, G. In 17. Shell Jugendstudie Jugend 2015 (S.273 – 293). Frankfurt am Main: Fischer Taschenbuch

Walper, S. (2006). Was die Wissenschaft über Erziehung weiß. In K. Wahl & K. Kees (Hrsg.), Helfen „Super Nanny" und Co.? Ratlose Eltern – Herausforderung für Elternbildung (S.22-30). Berlin: Cornelsen

Webb, J. T. (1993). Nurturing social-emotional development of gifted children. In: K. A. Heller, F. J. Mönks, A. H. Passow (Hrsg.), International Handbook for Research on Giftedness and Talent. Oxford: Pergamon Press, S. 525-538.

Webb, J. T. (1999). Existential depression in gifted individuals. Our Gifted Children, S. 7-9. Scottsdale: Great Potential Press

Webb, J. T. (2000). Parenting successful children. Scottsdale: Great Potential Press.

Webb, J. T. (2001). Misdiagnosis and dual diagnosis of gifted children: Gifted and LD, ADD/ADHD, OCD, Oppositional Defiant Disorder. Gifted Education Press Quarterly 15(2), S. 9-13.

Webb, J. T. (2015). Doppeldiagnosen und Fehldiagnosen bei Hochbegabung, Bern: Huber & Hogrefe

Webb, J.T., Meckstroth, E.A., Tolan, S.S. (1985). Hochbegabte Kinder, ihre Eltern, ihre Lehrer. Ein Ratgeber. Stuttgart: Huber.

Webb, J. T., Amend, E. R., Webb, N. E., Goerss, J., Beljan, P., Olenchak, F. R., (2005) Misdiagnosis and dual diagnosis of gifted children and adults. Scottsdale: Great Potentials Press.

Webb, J. T., Meckstroth, E. A. & Tolan, S. S. (2007). Hoch begabte Kinder, ihre Eltern, ihre Lehrer (5. Auflage, überarbeitet und ergänzt von Nadine D. Zimet u. Franzis Preckel). Bern: Huber.

Webb, J. T., Kleine, P. A. (1993). Assessing gifted and talented children. In: D. J. Willis u. J. L. Culbertson (Hrsg.), Testing Young Children. Austin: PRO-ED, S. 383-407

Webb, J. T., Gore, J.L., Amend, E.R, DeVries, A. R. (2017) Hochbegabte Kinder – Das große Handbuch für Eltern (2. Unveränderte Auflage) Bern: Hogrefe

Webb, J. T., Meckstroth, E. A., Tolan, S. S. (2007). Hochbegabte Kinder: Ihre Eltern, ihre Lehrer. Ein Ratgeber. Überarbeitet und ergänzt von Nadine D. Zimet und Franzis Preckel, 5. aktual. Auflage. Nachdruck 2010. Bern: Hans Huber (Originalausgabe: Guiding the Gifted Child: A practical Source for Parents and Teachers, 1982)

Wechsler, D. (1935). The Range of Human Abilities. Baltimore: Williams & Wilkins

Whitmore, J. R., (1980). Giftedness, conflict and underachievement. Boston: Allyn & Bacon.

Winner, E. (1996). Gifted Children: Myths and Realities. New York: Basic Books.

Wirthwein, L., Rost, D. H. (2011). Focussing on overexcitabilities: Studies with intelectually gifted and academically adults. Personality and Individual Differences, 51, 337 – 342.

Wittmann, A. J. (2003). Hochbegabtenberatung. Theoretische Grundlagen und empirische Analysen. Göttingen: Hogrefe.

Zeidner, M. Shani-Zinovich, I. (2011). Do academically gifted and nongifted students differ on the big-five and adaptive status? Some recent data and conclusions. Personality and Individual Differences, 51, 566-570

Ziegler, A., Stoeger, H. (2003). Identification of underachievement with standardized tests, student, parental and teacher assessments.

An empirical study on the agreement among various diagnostic sources. Gifted and Talented International 18, 87-94.

Ziegler, A. (2017). Hochbegabung (2. Auflage). München: Ernst-Reinhardt Verlag

Codierung & Itemliste Elternfragebogen

Bei ordinalskalierten Daten orientiert sich die Codierung an der voraussichtlichen Wirkung auf die Belastung der Familie. Gute bzw. wenig belastende Antwort-möglichkeiten erhalten höhere Codierungen, z.B. hohe Belastung = 1, etwas Belastend = 2, gar keine Belastung = 3. Neutrale Antworten erhalten im Regelfall „0". Bei Feldern, bei denen die Belastung nicht direkt ableitbar ist (Schulabschluss der Eltern), wird nach Wertigkeit codiert, z.B. hohe Abschlüsse erhalten die höchsten Codierungen.

Frage	Datenbankfeld	Variablentyp	Antworten & Codierung
Ihr Geburtsdatum	Geburtsdatum_ Ausfueller	Intervall	Datum
Wer füllt den Fragebogen aus?	Ausgefuellt_von	Nominal	Nur Mütter in der Datengruppe
Ihre Nationalität	Nationalitaet_A usfueller	Nominal	Nur Deutsche in der Datengruppe
Ihr Alter	Alter_Ausfuelle r	Kardinal (Verhältnisska la)	Zahl
Ihr Schulabschluss	Schulabschluss_ Ausfueller	Nominal o. Ordinal	keine Angabe = 0, Kein Schulabschluss = 1, Hauptschulabschluss = 2, mittlere Reife = 3, (Fach)Abitur = 4,

			Studium = 5, Promotion = 6
Haben Sie eine abgeschlossene Berufsausbildung?	Abgeschlossene_Berufsausbildung_Ausfueller	Nominal	Keine Angabe = 0, Ja = 1, Nein = 2
Ihre augenblickliche Beschäftigungssituation:	Beschaeftigungssituation_Ausfueller	Nominal, gff. Ordinal	keine Angabe = 0, Ausbildung / Studium = 4, Berufstätig (Teilzeit / ca. 20 Std./Woche) = 5, Berufstätig (Zwischenmodell z.B. 3/4 Stelle) = 6, Berufstätig (Vollzeit / ca. 40 Std./Woche) = 7, Arbeitslos = 1, Mutterschutz o. Erziehungsurlaub = 2, Rente = 3, Sonstiges = 8
Die Nationalität des anderen Elternteils - auch bei Alleinerziehenden.	Nationalitaet_anderer_Elternteil	Nominal	Keine Angabe = 0, Deutsch = 1, Andere = 2

Alter des anderen Elternteils - auch bei Alleinerziehenden.	Alter_anderer_Elternteil	Kardinal (Verhältnisskala)	Zahl
Schulabschluss des anderen Elternteils - auch bei Alleinerziehenden.	Schulabschluss_anderer_Elternteil	Nominal o. Ordinal	keine Angabe = 0, Kein Schulabschluss = 1, Hauptschulabschluss = 2, mittlere Reife = 3, (Fach)Abitur = 4, Studium = 5, Promotion = 6
Hat der andere Elternteil eine abgeschlossene Berufsausbildung? Auch bei Alleinerziehenden.	Abgeschlossene_Berufsausbildung_anderer_Elternteil	Nominal, gff. Ordinal	Keine Angabe = 0, Ja = 2, Nein = 1
Beschäftigungssituation des anderen Elternteils - auch bei Alleinerziehenden.	Beschaeftigungssituation_anderer_Elternteil	Nominal, gff. Ordinal	keine Angabe = 0, Ausbildung / Studium = 4, Berufstätig (Teilzeit / ca. 20 Std./Woche) = 5, Berufstätig (Zwischenmodell z.B. 3/4 Stelle) = 6,

			Berufstätig (Vollzeit / ca. 40 Std./Woche) = 7, Arbeitslos = 1, Mutterschutz o. Erziehungsurlaub = 2, Rente = 3, Sonstiges = 8
Sind Sie allein erziehend?	Alleinerziehend	Nominal	Keine Angabe = 0, Ja = 1, Nein = 2
Leben Sie zur Zeit in einer festen Partnerschaft?	feste_Partnersch aft	Nominal	Keine Angabe = 0, Ja = 2, Nein = 1
Wie viele Kinder haben Sie?	Anzahl_Kinder	Kardinal (Verhältnisska la)	Zahl
Wie viele Kinder leben insgesamt im Haushalt?	Anzahl_Kinder_ im_Haushalt	Kardinal (Intervall)	Zahl
Wie alt ist das Kind, auf das sich die Antworten beziehen?	Alter_Kind_im_ Fokus		Zahl
Welches Geschlecht hat	Geschlecht_Kin d_im_Fokus	Nominal	Mädchen = 1, Junge = 2

das Kind, auf das sich die Antworten beziehen?			
Wie hoch ist Ihr Familieneinko mmen? (Brutto im Monat, ohne Ausgaben, inkl. Kindesunterhal t falls vorhanden)	Familieneinkom men	Nominal, gff. Ordinal	keine Angabe = 0, weniger als 1.000€ = 1, weniger als 2.500€ = 2, weniger als 4.500€ = 3, weniger als 6.000€ = 4, mehr als 6.000€ = 5
Wie ist Ihre Wohnsituation ?	Wohnsituation	Nominal, gff. Ordinal	keine Angabe = 0, Wohnung zur Miete = 1, Haus zur Miete = 2, Eigentumswohnung = 3, Eigenes Haus = 4
Alter und Geschlecht Ihres Kindes / Ihrer Kinder	Alter_Kind1, Geschlecht_Kin d1 Alter_Kind2, Geschlecht_Kin d2 Alter_Kind3, Geschlecht_Kin d3		Zahl Mädchen = 1 Junge = 2

	Alter_Kind4, Geschlecht_Kind4 Alter_Kind5, Geschlecht_Kind5		
Wie alt war das Kind beim IQ-Test? 0 = weiß nicht	Alter_bei_IQ_T est	Kardinalskala (Verhältnisska la)	Zahl
Was war der Anlass für den IQ-Test des Kindes? Hinweis von:	Anlass_IQ_Test	Nominal	Eigene Initiative = 1, Familie = 2, Schule = 3, Kindergarten = 4, Arzt/Psychologe = 5, Freunde = 6, Weiß nicht = 0
Wurden in Ihrem Haushalt noch andere Kinder auf Hochbegabung getestet?	IQ_Test_andere _Kinder	Nominal	Ja = 1, Nein = 2, Weiß nicht = 0
Gibt es in Ihrem Haushalt noch weitere	weitere_HB_Ki nder	Nominal	Ja = 1, Nein = 2, Weiß nicht = 0

hochbegabte Kinder?			
Falls bei anderen Kindern das Testergebnis keine Hochbegabung belegt hat: Belastet Sie das Ergebnis?	Belastung_durch_nicht_HB_Ergebnis_anderer_Kinder	Nominal	Ja = 1, Nein = 2, Weiß nicht = 0 Keine anderen HB Kinder = 9
Gibt es in Ihrem Haushalt hochbegabte (durch IQ-Test belegt) Erwachsene?	weitere_HB_Erwachsene	Nominal	Ja = 1, Nein = 2, Weiß nicht = 0
IQ der Eltern	IQ_Eltern	Nominal gff. Ordinal	Weiß nicht = 0, Beide Eltern mit IQ < 130 = 1, Ein Elternteil mit IQ > 130 = 2, Beide Elternteile mit IQ > 130 = 3
Woher stammte der	erster_Hinweis_HB	Nominal	Familie = 1, Schule = 2,

erste Hinweis auf eine Hochbegabung des Kindes?			Kindergarten = 3, Arzt/Psychologe = 4, Freunde = 5, Weiß nicht = 0
Wie oft sieht das Kind nahestehende (Großeltern, Onkel, etc.) Verwandte im Durchschnitt?	Verwandtenkontakt	Nominal, gff. Ordinal	Mehrfach in der Woche= 3, < 2 x pro Monat = 2, Nie oder selten = 1, Weiß nicht = 0
Hat ihr Kind viele/häufig ältere Freunde?	aeltere_Freunde	Nominal, gff. Ordinal	Ja = 1, Nein = 2, Weiß nicht = 0
Ist das Kind Mitglied in einem Verein oder Jugendgruppe?	Verein	Nominal, gff. Ordinal	Ja = 1, Nein = 2, Weiß nicht = 0
Spielt/lernt das Kind ein Instrument?	Instrument	Nominal, gff. Ordinal	Ja = 1, Nein = 2, Weiß nicht = 0
Hat das Kind Zugriff auf Videospiele?	Videospiele	Nominal, gff. Ordinal	Ja = 1, Nein = 2, Weiß nicht = 0

Nutzt das Kind das Internet?	Internet	Nominal, gff. Ordinal	Ja = 1, Nein = 2, Weiß nicht = 0
Treibt das Kind regelmäßig Sport (außer Schulsport / im Durchschnitt)?	Sport	Nominal, gff. Ordinal	Nein = 0, 1 x pro Woche = 1, 2 x pro Woche = 2, >= 3 x pro Woche = 3
Wie viele Stunden pro Woche liest Ihr Kind (im Durchschnitt)?	Lesen	Nominal, gff. Ordinal	< 3 Stunden / Woche = 1, < 6 Stunden / Woche = 2, < 10 Stunden / Woche = 3, mehr als 10 Stunden / Woche = 4
Spielt Ihr Kind gerne draußen?	Draussen	Nominal, gff. Ordinal	Fast jeden Tag = 4, Mehrfach in der Woche = 3, Meistens nur am Wochenende = 2, Selten = 1
Spielt Ihr Kind oft mit anderen Kindern oder Geschwistern?	Spielverhalten	Nominal, gff. Ordinal	Fast jeden Tag = 4, Mehrfach in der Woche = 3, Meistens nur am

			Wochenende = 2, Selten = 1
Würden Sie sich für Ihr Kind einen anderen Freundeskreis wünschen?	Freundeskreis	Nominal, gff. Ordinal	Ja = 1, Nein = 3, Manchmal = 2
Sind Schule bzw. Kindergarten über die Hochbegabung informiert?	Schule_Kinderg arten_informiert	Nominal	Ja = 1, Nein = 2, Weiß nicht = 0
Wenn Schule bzw. Kindergarten über die Hochbegabung informiert sind: Gibt es spezielle Angebote der Einrichtung?	Schule_Kinderg arten_Angebote	Nominal, gff. Ordinal	Ja = 2, Nein = 1, Weiß nicht = 0
Werden externe Förderangebot e außerhalb	Externe_Angeb ote	Nominal, gff. Ordinal	Ja = 2, Nein = 1, Weiß nicht = 0

der Schule/des Kindergartens wahrgenommen?			
Wenn externe Förderangebote genutzt werden: Wie häufig?	Haeufigkeit_Externe_Angebote	Nominal, gff. Ordinal	„Leer" = 0, 1 x pro Woche = 3, 1-3 x pro Monat = 2, Weniger als 1 x pro Monat = 1, Weiß nicht = „kam im Datensatz nicht vor"
Trifft Ihr Kind regelmäßig andere Kinder mit Hochbegabung?	Andere_HB_Kinder_treffen	Nominal, gff. Ordinal	Ja = 2, Nein = 1, Weiß nicht = 0
Wird/wurde das Kind von einem Psychologen betreut?	Betreuung_durch_Psychologen	Nominal	Ja = 1, Nein = 2, Weiß nicht = 0
Erhält das Kind Nachhilfe oder sonstige individuelle Förderungen?	Individualfoerderung	Nominal	Ja = 1, Nein = 2, Weiß nicht = 0

Welchen Bildungsabschluss wird Ihr Kind wahrscheinlich erreichen?	Erwartung_Bildungsabschluss	Nominal, gff. Ordinal	Ohne = 6, Hauptschule = 5, mittlere Reife = 4, Abitur = 3, Studium = 2, Promotion = 1, Weiß nicht = 7
Wie lange ist das Kind im Duchschnitt mit Hausaufgaben und Lernen beschäftigt (pro Tag)?	Zeitaufwand_Hausaufgaben	Nominal, gff. Ordinal	Kind geht noch nicht zur Schule = 5, weniger als 30 min = 4, weniger als 1 Stunde = 3, weniger als 2 Stunden = 2, mehr als 2 Stunden = 1, Weiß nicht = 0
Hat das Kind in Hauptfächern (Deutsch, Mathe, Fremdsprache, etc.) eine Zensur schlechter als "Befriedigend"?	Noten_in_Hauptfaechern	Nominal, gff. Ordinal	Kind geht noch nicht zur Schule = 5, Nein = 4, In einem Fach = 3, In 2 Fächern = 2, In mehr als 2 Fächern = 1

Nimmt ein Lehrer oder BetreuerIn aus dem Kindergarten außerhalb von Elternabenden mit Ihnen Kontakt auf, um Probleme zu besprechen?	Termine_mit_Lehrern	Nominal, gff. Ordinal	Nein = 7, weniger als 1 x im Halbjahr = 6, ca. 1 x im Halbjahr = 5, ca. 1 x im Quartal = 4, ca. 1 x im Monat = 3, mehrfach im Monat = 2, in fast jeder Woche = 1
Hat das Kind Delikte oder Ordnungswidrigkeiten begangen (z.B. Schulschwänzen, Ladendiebstahl, etc.)?	Deliquenz	Nominal, gff. Ordinal	Nein = 3, Nur 1 x = 2, Mehrfach = 1
Wie oft streiten Sie sich mit dem Kind?	Streit_mit_Kind	Nominal, gff. Ordinal	Weniger als 1 x pro Woche = 3, Mehrfach in der Woche = 2, Fast jeden Tag = 1
Wie oft streitet sich das Kind mit Freunden	Streit_mit_Freunden	Nominal, gff. Ordinal	Weniger als 1 x pro Woche = 3, Mehrfach in der Woche

oder Geschwistern?			= 2, Fast jeden Tag = 1
Ist Ihr Kind Opfer von Mobbing?	Mobbing	Nominal, gff. Ordinal	Nein = 4 Weniger als 1 x pro Woche = 3, Mehrfach in der Woche = 2, Fast jeden Tag = 1
Wie oft sucht Ihr Kind das Gespräch mit Ihnen?	Eltern_Kind_Ge spraech	Nominal, gff. Ordinal	Sehr häufig = 1, Kommt öfter vor = 2, Gelegentlich = 3, Selten = 4, Gar kein besonderes Interesse = 5
Wie anstrengend empfinden Sie die Gespräche mit Ihrem Kind?	Anstrengende_ Gespraeche	Nominal, gff. Ordinal	Sehr anstrengend = 1, Anstrengend = 2, Mittel / Normal = 3, Wenig anstrengend = 4, Überhaupt nicht anstrengend = 5
Wie anstrengend ist es für Sie, Ihr Kind zu betreuen?	Erziehungsbelas tung	Nominal, gff. Ordinal	Sehr anstrengend = 1, Anstrengend = 2, Mittel / Normal = 3, Wenig anstrengend = 4, Überhaupt nicht anstrengend = 5
Streiten Sie mit Ihrem Partner	Eltern_Streit	Nominal, gff. Ordinal	Kein Partner = 0, Nein = 4,

über die Erziehung des Kindes?			Weniger als 1 x pro Woche = 3, Mehrfach in der Woche = 2, Fast jeden Tag = 1
Falls Ihr Kind kein Einzelkind ist: Machen Sie sich Sorgen, dass Ihre anderen Kinder vielleicht wegen dem hochbegabten Kind zu kurz kommen?	Nachteil_nicht_HB_Kinder	Nominal, gff. Ordinal	Sehr häufig = 1, Kommt öfter vor = 2, Gelegentlich = 3, Selten = 4, Nie = 5
Machen Sie sich Sorgen, die in der intellektuellen Leistungsfähigkeit des Kindes begründet liegen?	Sorge_wegen_IQ	Nominal, gff. Ordinal	Sehr häufig = 1, Kommt öfter vor = 2, Gelegentlich = 3, Selten = 4, Nie = 5
Machen Sie sich Sorgen,	Sorge_Underachievement	Nominal, gff. Ordinal	Sehr häufig = 1, Kommt öfter vor = 2,

			Gelegentlich = 3, Selten = 4, Nie = 5
das Ihr Kind hinter seinem Potential zurück bleibt (Underachieve ment)?			
Empfinden Sie die intellektuelle Leistungsfähig keit Ihres Kindes manchmal als Belastung?	Ist_IQ_Belastun g_Eltern	Nominal, gff. Ordinal	Sehr häufig = 1, Kommt öfter vor = 2, Gelegentlich = 3, Selten = 4, Nie = 5
Haben Sie den Eindruck, dass Ihr Kind seine intellektuelle Leistungsfähig keit als Belastung empfindet?	Ist_IQ_Belastun g_Kind	Nominal, gff. Ordinal	Sehr häufig = 1, Kommt öfter vor = 2, Gelegentlich = 3, Selten = 4, Nie = 5
Wie hoch würden Sie die intellektuelle Leistungsfähig keit des Kindes als	Ist_IQ_Belastun g_Familie	Nominal, gff. Ordinal	Sehr hoch = 1, Hoch = 2, Normal/Neutral (keine außergewöhnliche Belastung) = 3, Eher Ent- als Belastung = 4,

Belastungsfakt or in der Familie einschätzen?			Weiss nicht = 0